Problem-solving Power

社会人のための
問題解決力

自分で考え、行動するということ

日沖 健 著

まえがき

　本書は、社会人の読者を対象に、問題解決の進め方や問題解決力の高め方を解説していきます。

　現代社会が複雑化するにつれて、社会人が直面する問題も複雑化し、解決が困難になっています。問題解決をうまく進めることができるかどうかが、家庭生活や仕事の成否を大きく左右します。問題解決を進める能力、つまり「問題解決力」は社会人にとって必須能力です。

　ところが、私たちは子供の頃から、問題解決という力について、その具体的な方法を学校で学ぶ機会はありませんでした。これは、社会人となり、家庭や企業などの職場などでも同じでしょう。勘と経験と度胸（ＫＫＤ）、見よう見まねで問題と格闘しているのが、多くの社会人の現状だと思います。

　本書は、こうした状況を踏まえ、社会人が家庭や職場など幅広い場面で実際に活用できる問題解決の進め方や問題解決力の高め方を検討・紹介します。

　書店に行くと、問題解決に関連した書籍がたくさん並んでいます。私自身、すでに『リーダーの問題解決法』（同友館、2008）『問題解決の技術』（産業能率大学出版部、2010）という書籍を著しています。こうした中、改めて本書を世に問うのは、広く社会人の読者を対象に標準的な問題解決の進め方を扱った基本的な書籍が意外と少ないからです。

　大半の書籍は、特定の読者層が直面する特定の問題について、

フレームワークや技法の紹介など特定の側面を扱っています。また、執筆者の個人的な関心や経験に基づく内容・記述が目立ちます。

　それに対して本書は、図のような標準的なプロセスに沿い、標準的な技法を使い、社会人が直面するさまざまな問題を解決する方法を検討していきます。

　問題解決力を高めるには、問題解決のプロセス・技法あるいはマインドを理解するだけでなく、実際に活用できることが大切です。本書は、読者の皆さんが問題解決について明確なイメージを持ち、深く理解し、活用してもらえるよう、社会人が直面するさまざまな問題を取り上げて説明していきます。皆さんご自身の問題について当てはめて、考えながら読み進めてください。

　また、各章の終わりに、皆さんの問題解決について振り返る「学習課題」を用意しています。学習内容の振り返りのために、ぜひ挑戦してください。

　本書刊行後、浅岡孝光先生が執筆し、私が監修を担当した『社会人のための考える力』が続いて出版されます。本書とは異なり、「考える力」の技法が余すところなく紹介されています。本書との整合性も含め監修させていただきました。できますなら、『社会人のための考える力』に目を通され、「考え方」についての知識を蓄えられた後、本書で説明する標準的なプロセス、標準的な技法の有効性、利便性に触れていただければ、いっそう理解が促進されると思います。

まえがき

　本書によって、読者の皆さんが問題解決力を高め、問題解決を通して素晴らしい人生を送られることを期待しています。

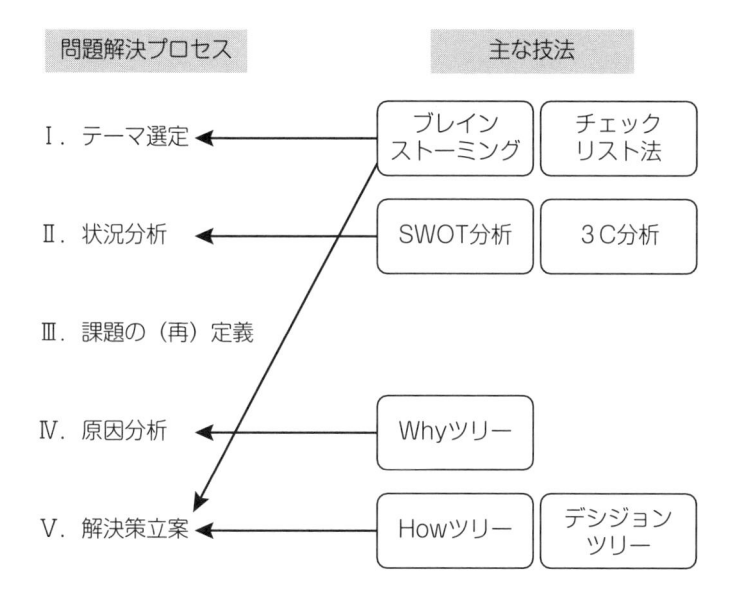

問題解決プロセス	主な技法
Ⅰ. テーマ選定 ←	ブレインストーミング ／ チェックリスト法
Ⅱ. 状況分析 ←	SWOT分析 ／ 3C分析
Ⅲ. 課題の（再）定義	
Ⅳ. 原因分析 ←	Whyツリー
Ⅴ. 解決策立案 ←	Howツリー ／ デシジョンツリー
Ⅵ. 実行・評価	

目　次

まえがき　　*i*

序章　身の回りには"問題"がいっぱい　　*1*

第1章　社会人の生活と問題解決　　*11*

第1節　問題とは何か？　*12*
第2節　問題を分類する　*18*
第3節　良い問題とは？　*23*

第2章　問題解決の進め方　　*35*

第1節　なぜプロセスを踏むのか？　*36*
第2節　問題解決のプロセス　*38*
第3節　問題解決プロセスの留意点　*42*

第3章　生活・仕事を分析する　　*49*

第1節　問題認識のための状況分析　*50*
第2節　問題の発生状況の分析　*52*

第3節	体系的な分析	*54*
第4節	深く分析する	*59*
第5節	トレンドを見る	*63*
第6節	本質を知る	*72*

第4章　問題を認識する　*77*

第1節	あるべき姿が問題認識を左右する	*78*
第2節	あるべき姿を描く3つのアプローチ	*80*
第3節	問題を認識する	*86*
第4節	課題を形成する	*92*
第5節	課題形成の留意点	*97*

第5章　問題の原因を探る　*103*

第1節	原因がわかればたいていの問題は解決できる	*104*
第2節	因果関係の分析	*106*
第3節	Whyツリー	*115*
第4節	真因を突き止める	*123*

第6章　解決策を立案・実行する　*127*

第1節	解決へと進む	*128*
第2節	革新的な解決策を創造する	*131*
第3節	解決策の体系化	*135*

第4節　ベストの解決策を選ぶ　*144*
第5節　解決策を実行する　*148*
第6節　実行の留意点　*155*
第7節　事後評価する　*159*

第7章　チームによる問題解決　*165*

第1節　チームによる良い問題解決とは？　*166*
第2節　問題認識の共有　*169*
第3節　効率的な役割分担　*173*
第4節　発散的に思考する　*177*
第5節　モチベーションを高める　*184*
第6節　リーダーシップを発揮する　*189*

第8章　問題解決力を高める　*197*

第1節　問題解決力とは？　*198*
第2節　問題解決のためのフレームワーク　*205*
第3節　問題解決のマインド　*209*
第4節　問題解決力を高める　*217*

あとがき　*230*
参考文献　*232*
索　　引　*233*

序章

身の回りには
"問題"がいっぱい

◆ 問題のない一日はない

「原子力発電の問題は、なかなか意見がまとまらないな。」
「娘の進路の問題で頭が痛いよ。」
「うちの職場の問題社員には対処に困っている。」

　私たち社会人は、日常会話の中で何気なく"問題"について語ります。問題は、私たちにとってたいへん身近です。おそらく、1日の中で1回も「問題」を見聞きせずに過ごすということはありえないのではないでしょうか。

　社会人は、さまざまな問題に直面し、問題に対処しながら生活しています。

　テレビをつけてニュースを見ると、景気動向問題、地球環境問題、諸外国との間の外交問題など、さまざまな社会問題が繰り返し報じられます。地震・台風のような自然災害、強盗や殺人などの刑事事件も、広い意味では問題と言えるでしょう。

　身近な家庭生活を見てみると、嫁と姑の対立やご近所とのトラブルといったクラシカルな問題から、高齢者の介護や子供のいじめといった新しい問題まで、さまざまな問題が家族の会話にのぼります。

　職場では、新商品開発の失敗、顧客からのクレーム、社員の就業規則違反といった問題が次々とあらわれ、対応しているうちに毎日があわただしく過ぎて行きます。

　これまでの人生を振り返っても、子供の頃から、テストや入学試験などの問題に取り組んできました。今後も最終的には遺産相続問題に至るまで、一生問題とお付き合いします。

序章　身の回りには"問題"がいっぱい

◆ 問題を解決するか、しないか

　私たちは、直面するすべての問題の解決に取り組むわけではありません。

　たとえば、ある国において、国際社会に背を向けて核兵器の開発を進めていたとするならば、たいていの日本人が大きな問題だと考えるでしょう。しかし、この大きな問題だと感じていることについて、実際の問題解決に取り組むことができるのは、政府の中枢にいる一握りの人たちだけです。この問題で私たちができることは、問題への取り組み姿勢を考慮して政治家を選んだり、インターネットなどの場で意見表明したりするくらいで、解決に向けて直接のアクションをとることはできません。

　問題に対して取り組まない（取り組めない）ということは、何も核兵器の開発問題のような大きな社会問題だけではありません。家庭や職場でも、「これは問題だ」と思うことが仮に100あったとして、おそらく80以上は解決に向けて取り組まず、放置しているのではないでしょうか。

　こうしたことは、問題が物理的に解決不可能という場合もありますが、それだけでなく、問題解決には労力・時間・お金などが必要で、すべての問題に対処することができないからです。そのため、私たちは、すべての問題に手当たり次第対処するのではなく、重要性・緊急性が高く、実際に解決できそうな問題を取り上げて、重点的に解決に取り組むということを現実に行っています。

　他にも、問題について取り組まない理由として、問題についてコンセンサスが得られていない場合などがあります。家庭や

職場で問題に取り組むとき、家族や同僚などの同意・協力が必要な場合があります。ところが、自分は「大問題だ」と思っていても、周囲の人間はそれが問題だと思わず、結果として問題に取り組まないということがよくあります。

たとえば、子供が食事中にゲームをしているのを見て、父親は「これはしつけの上で問題だ」と考え、子供に注意しました。ところが、母親から「学校や塾で忙しくて、食事の時間くらいしか息抜きできないから、まあ大目に見て良いじゃないの」と言われ、父親はしぶしぶ注意するのをやめました。このとき、当初問題だと考えていたことが、この家族にとって問題ではなくなりました。

問題には、解決に取り組む問題と取り組まない問題があるということです。

◆ 問題解決が人生を左右する

解決に向けて取り組むと決めた問題のことを課題と言い、問題と区別します。問題と課題は異なるのです。

問題を解決すると決めたら、解決に向けて取り組みます。問題の解決に取り組むことを問題解決と言います。正確には、問題を認識し、解決に取り組まないという選択も含めて問題に対処すること全般を問題解決と言い、取り上げた問題を実際に解決することを課題解決と言います。

あらためて強調する必要はないかもしれませんが、問題解決（および課題解決）のあり方が私たちの生活を大きく左右します。

適切に問題解決できるビジネスパーソンは、仕事で大きな成

果を実現することができます。そして、人生の夢を実現することができます。

18歳のとき発明家として身を立てることを誓った豊田佐吉は、母親が農閑期に非効率な機械を使って深夜まで機織りの内職をしているのを見て、機織り機の発明に取り組み始めました。そして、40年以上に及ぶ試行錯誤の末、世界最高の自動織機を発明し、日本の産業の発展に貢献しました。

豊田佐吉のような歴史上の偉人でなくても、皆さんの職場にも、「こいつは仕事ができるな！」という人がいることでしょう。そういう人は、ある決められた作業を手早くこなすというよりも、いろいろなタイプの問題を的確に対処できる人ではないでしょうか。

私生活でも、家庭内の問題を円満に解決できると、家族の笑顔が増えます。人間関係などプライベートの問題にうまく対処できると、交友関係が充実します。問題解決は、私生活の満足度・幸福度と大いに関連します。

逆に、適切に問題解決ができない人は、職場で評価されません。私生活でも、いつまでもトラブル続きで、フラストレーションの多い毎日が続きます。

極端にいうと、問題解決の巧拙が人生の成功・失敗、幸福・不幸を大きく左右するのです。

◆ 複雑な問題・新しい問題が増えている

私たちがより良い生活を送るには、適切に問題解決を進める必要があります。そのためには、適切な問題解決のプロセスと

技法を知ることが大切です。

　単純な問題なら、別に問題解決のプロセスや技法を意識しなくても、解決できることでしょう。たとえば、中学生の子供が夜更かしをして学校に遅刻したら、どうしますか。原因ははっきりしていますし、対策も「夜更かしするんじゃないぞ！」と一喝するくらいしかありません。たいへん単純な問題だと言えます。

　しかし、近年、私たち社会人が直面する問題は、どんどん複雑化しています。また、これまでに経験したことのない新しいタイプの問題が次々と発生しています。複雑な問題や新しい問題については、適切なプロセスと技法を駆使しないと、なかなかうまく問題が解決できません。

　たとえば、子供のいじめ問題というと、一昔前までは、クラスのやんちゃ坊主が誰なのか特定し、やんちゃ坊主の行動をきちんと監視していれば、大きな問題に発展しませんでした。しかし、最近は、やんちゃ坊主以外の普通の子供がいじめに加担するようになり、ネット上で誹謗中傷するなど、いじめのやり方も多様化しています。私たちは「教師は責任感を持って、いじめの実態をしっかり監視せよ」と気軽に言いますが、なかなか容易ではなさそうです。

　ビジネスでも、事業を海外展開するとなると、プロジェクトを立ち上げ、基本方針を検討し、候補地を選定し、さらに現地を調査し……、と計画段階だけでも数年かかる、手間の多い話が珍しくありません。

序章　身の回りには"問題"がいっぱい

◆ KKDは通用しない

　よく私たちは、問題に直面すると、過去の経験を思い出そうとします。

　たとえば、中華料理店の店員がお客から「ラーメンの中に虫が入っていたぞ！」とクレームを受けたら、まず何を考えるでしょうか。おそらく店員は、まずはお詫びをしながら、頭の中では、「そういえば、半年前にもよく似たクレームを受けたな。そのときはどういう対応をしたっけ？」と条件反射的に過去の経験を探ることでしょう。そして、過去に似たような経験があれば、それを生かして対処できます。

　よく問題解決では、KKD（勘・経験・度胸）が大切だと言われます。過去に経験したことのある問題なら、どう対処するべきか勘が働き、あとは度胸を決めてしっかり対応するだけ、というわけです。入学試験でも、過去問に取り組みました。私たちが日常的に直面する問題のおそらく8割以上は、中華料理店の例のように、繰り返して発生する、KKDが有効な問題でしょう。

　たしかに、過去の経験・失敗と有効な対応策を整理・記憶し、同じ過ちを繰り返さないことは大切です。

　しかし、複雑な問題や今まで経験のない新しい問題に対応するには、ＫＫＤだけではいけません。ＫＫＤが通用しにくい状況では、適切なプロセスを踏むこと、問題解決技法を活用することが大切なのです。

　社会人にとって、問題解決のプロセスや技法を知ることは欠かせません。

◆問題解決力を高める

　英会話をうまくなりたいと思ったら、英会話教材を買うなり、英会話教室に通うなりします。勉強しなければ、力は付きません。問題解決もまったく同じで、問題解決をうまく進めるためには、問題解決について学ぶ必要があります。

　しかし、振り返ってみると、私たちは問題解決について本格的に学ぶことなく、育ち、生活してきました。

　学校の授業の中で、私たちは問題解決についてほとんど学びません。「問題解決」という科目は、大学の選択科目でたまにお目にかかるくらいでしょうか。もちろん、数学の勉強をすると、数学の知識が増え、数学の問題を解けるようになります。そういう意味で、問題の内容・中身に関しては、たくさん勉強してきました。しかし、どのようなプロセスで、どのような技法を用いて問題解決するか、という問題解決の進め方そのものについては、まったくと言ってよいほど教わりません。

　企業などの職場でも同様です。トヨタのように、職場の業務を改善する技法を体系的に伝授しているケースは、非常にまれです。社外の研修を受講する機会を設けていれば良い方で、たいていの職場では、新人が見よう見まねで先輩から問題解決の進め方を学ぶ、あるいは試行錯誤を繰り返して"体で覚える"というやり方をしているのではないでしょうか。

　家庭では、両親などから問題解決を学びます。そういう点では、問題解決について最も影響を受けているのは両親の教えかもしれません。ただ、親の教えのほとんどは、「勧誘の電話がかかってきたら、会話せず、さっさと電話を切るように」といっ

た家庭生活を営む上で最低限の"生活の知恵"で、複雑な問題を解決するのに十分なものではありません。

おそらく、問題というのは個人によって、職場によって異なるので、なかなか教えにくいということかもしれません。いずれにせよ、問題解決力の教育は、まったくないがしろにされているのです。

◆ 問題解決力を高めよう

人生を左右するほど重要でありながら、学校・職場・家庭の中でほとんど省みられることのなかった問題解決について、体系的に学んでいただきたいというのが本書の主旨です。

より良い生活をするには、より良い問題解決を行う必要があります。より良い問題解決ができるようになるには、高度な問題解決力、つまり問題を解決する能力が必要です。スポーツでも芸術でも、努力しなければ能力は高まりません。問題解決力を高めるには、問題解決について学び、実践で試す必要があります。

もちろん、手当たり次第に学び、闇雲に実践するよりも、システマチックに要点を学ぶ方が効果的・効率的です。第1章以降では、問題解決のプロセスと技法を中心に、問題解決の進め方と問題解決力の高め方を紹介します。

第1章では、問題とは何なのか、良い問題解決とはどういう状態なのかを確認した後、第2章では、問題解決の基本プロセスを示します。

第3章から第6章は、問題解決の基本プロセスに沿って、問

題解決を進める上での留意点を確認します。第3章は状況分析、第4章は問題の発見・課題の定義、第5章は原因分析、第6章は解決策の立案・実行です。

　第7章は、社会人がよく行うチームによる問題解決の進め方を検討します。

　第8章は、全体のまとめも兼ねて、問題解決力とは何か、どう高めれば良いのか、ということを考えます。

　問題解決力を高めて、家庭生活を、会社生活を、そして自分自身をより良く変えましょう。

第1章
社会人の生活と問題解決

私たちの生活にはいろいろな問題があり、問題解決に取り組んでいます。本書の最初に、問題とは何なのか、どういう種類の問題があるのか、を確認した上で、望ましい問題解決のあり方を検討します。

第1節　問題とは何か？

◆ 問題を認識する

　私たち社会人は、生活の中でさまざまな問題に直面します。そして、より良い生活を送るために、問題解決に取り組みます。

　社会人の生活は問題解決の連続で、問題解決の巧拙が家庭生活の満足度・幸福度や仕事の出来を大きく左右します。問題を解決する能力、つまり問題解決力は、社会人にとって欠かすことのできない能力です。

　では、問題解決力とは何なのでしょうか。どのように高めていけば良いのでしょうか。本書全体を通してこうした問いを考えていくに当たり、まずこの章では、問題解決の対象となる問題とは何かという点について考えみましょう。

　私たちは、常日頃から問題に接していながら、「問題とは何なのか？」などということをあまり意識しません。問題について、むしろ、水や空気に近い日常的なものであるからこそ、その存在のことを意識しないのかもしれません。

　しかし、良い問題解決を行うには、対象となる問題とは何であるかを知ることが大切です。問題は通常、「これは問題だ！」と認識しなければ解決することはできません。問題を的確に認識するためには、問題とは何なのかという本質を知っておくことが望ましいのです。

　古本さんと安達さんは、毎日、東京郊外の自宅から満員電車に揺られて都心のオフィスに通勤しています。今年地方から転勤してきた古本さんは、「この通勤ラッシュは耐えられん、大問

題だ！」と憤っていますが、東京育ちの安達さんは「まあこんなもんだろ」ということで、特段問題だと思っていません。

　大問題だと思った古本さんは、すいている始発電車で通勤するよう変更して、問題を解決しました。しかし、安達さんは何もしていません。

　もちろん、問題解決に取り組んでも解決できないということはありますし、逆に何もしなくても環境が変わって自然に解決されることもまれにあります。ただ、一般的には、問題を認識し、問題について深く知ることによって、問題解決に到達する可能性が高まるのです。

◆ 問題が持つイメージ

　問題とは何かについて厳密に定義する前に、問題が持つイメージから振り返ってみましょう。問題と聞いて、どういうイメージを持つでしょうか。何を思い起こすでしょうか。

　森川さんは高層マンションに住んでいます。森川さんの隣に、1か月前、新婚夫婦が引っ越してきました。その夫婦はほぼ毎日、昼夜構わず夫婦喧嘩をし、罵声を浴びせ合い、物を投げ合い、大騒音を立てています。最初森川さんは、夫婦が仲直りするか、別居あるいは離婚してどちらかがいなくなり、そのうち静かになるだろうと思っていました。しかし、1か月たっても、毎日夫婦喧嘩がつづいています。

　この問題では、1つ目に、「やっかいなこと」「面倒なこと」というネガティブな面を、真っ先に思い起こすイメージでしょう。騒音によって森川さんの平穏な生活が乱されますから、明

らかにマイナスです。問題には、ネガティブな印象があるのです。

　２つ目に、「放置できないこと」というイメージがあります。騒音が短期間で収まれば良かったですが、１か月も毎日つづいているとなると、「何とか対応しなければ」と考えます。問題とは、心理的に放置できないものなのです。

　３つ目に、「特殊な状態」というイメージがあります。森川さんは、静かな生活が普通の状態で、騒音に悩まされるのは特殊な状態だと認識します。

　最後に４つ目に、「対立点・矛盾を含んでいること」というイメージがあります。森川さんは、隣の夫婦に対して静かにするよう申し入れをしますが、そのとき「あの様子では何を言っても無駄で、隣人との人間関係を悪くするだけに終わるのではないか」と躊躇したりします。問題は、ある種の対立や矛盾を含んでいるのです。

　一口に問題と言っても、いろいろなイメージを包含しているのです。

◆ 問題とは、あるべき姿と現状のギャップ

　では、こうした多彩なイメージを持つ問題をどのように定義できるでしょうか。

　代表的な国語辞典の１つ『大辞泉』に、問題は次のように説明されています。

> **もんだい【問題】**
> 1．解答を求める問い。試験などの問い。「数学の―を解く」「入試―」
> 2．批判・論争・研究などの対象となる事がら。解決すべき事がら。課題。「そんな提案は―にならない」「経済―」「食糧―」
> 3．困った事がら。厄介な事件。「新たな―が起きる」
> 4．世間が関心をよせているもの。話題。「―の議員」

このように、問題には多様な側面がありますが、それをあえて最大公約数的に定義すると、次のようになります。

問題……あるべき姿と現状がかい離している状態

つまり、人が何かを「問題だ！」と考えるとき、あるべき姿を想定し、それと現状とのギャップを比較しているのです。

先ほどの騒音問題ですと、森川さんは、騒音がなく静かに生活している状態をあるべき姿あるいは正常な姿と考え、それよりもうるさい現状を問題だと考えるわけです。

今後、消費税が増税（税率アップ）されるという場合、それだけなら政府が考える政策方針に過ぎません。これを「消費税増税問題」と呼ぶのは、「消費税の増税は国民に負担を強いることになり、好ましくない。低い税率、あるいは消費税が存在しないのが理想だ」という考え方があるからでしょう。

問題について考えるとき、必ずあるべき姿、あるいは理想・

目標・標準が存在するのです。ここからは、理想・目標・標準などを「あるべき姿」と総称することにします。

図表1-1 問題とは

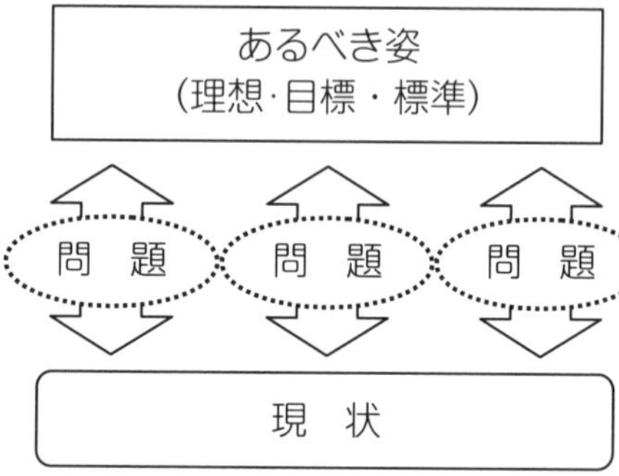

```
┌─────────────────────────┐
│      あるべき姿          │
│  (理想・目標・標準)      │
└─────────────────────────┘
    ↕       ↕       ↕
  (問題) (問題) (問題)
    ↕       ↕       ↕
┌─────────────────────────┐
│       現　状            │
└─────────────────────────┘
```

◆ 問題は主観的なもの

あるべき姿と現状のかい離という定義から、問題に関する重要な特徴点が見えてきます。問題というのは、誰しも同じように認識できる客観的なものではなく、たいへん主観的な性格を持つということです。

あるべき姿が何であるかは、人によってずいぶん異なります。騒音問題でも、水を打ったように静まり返った状態でないと落ち着かないという人もいれば、かなりうるさくても一向に気にしないという人もいます。普段はうるさくても許すけど、深夜だけは静かにしてほしい、気分が良い時には許せるが、気分が悪いとどうにも許せない、などいろいろな受け止め方があります。感じ方の違いです。

消費税の税率を上げるべきかどうか、という問題でも、「ダメ

なものはダメ」と消費税の存在すら認めない人もいれば、高齢社会で社会保障費の安定財源を確保するため逆にもっと増税が必要だと主張する人もいます。主義・主張や価値観の違いです。

　感じ方や主義・主張などによってあるべき姿が異なれば、同じ時期に同じ場所で同じ状況に直面しても、人によって問題だと感じたり、問題とは感じなかったりする場面が出てきます。問題は誰にも共通して客観的・絶対的に存在するわけではなく、主観的・相対的な存在なのです。

　第7章で検討する通り、家族・職場の同僚・友人など他人と協力して問題解決に取り組むことがよくあります。人は「これが問題だ」と納得しなければ問題解決に取り組みませんから、問題について認識を共有できるかどうかが、他人と協力して問題解決を進める上で最大のポイントになるのです。

第2節　問題を分類する

◆ 問題の種類

　人によって、あるいは同じ一人の人間でも場面・状況によって、問題と向き合う状況が異なります。したがって社会人が直面する問題には、多様な側面があります。

　私たちは、漫然と問題を認識しているわけではありません。意識・無意識のうちにさまざまな基準・切り口で問題を分類します。問題にはどのような側面があるのでしょうか。代表的な分類を紹介しましょう。

① 発生場所

　人は、家庭、地域、職場、趣味の集まりなど、さまざまな場で生活しています。問題が発生する場の違いから、「家庭の問題」「職場の問題」「地域の問題」「社会の問題」といった区分をします。

　一昔前までは、男性は職場、女性は家庭の問題に対処すれば良かったですが、地域や社会の問題にも注目が高まっています。

② 自分との関係

　自分が問題とどう関係しているかによって、「自分自身の個人的な問題」「自分および関係者の問題」「自分と関係ない問題」という分け方ができます。問題を解決する主体についても、同じような分類ができます。

　どうしても私たちは、自分に直接関係する問題の対応に注力しがちです。しかし、外国の出来事だと思っていた中国の

PM2.5が日本人を震撼させているように、「自分と関係ない問題」と思っていた問題が身近な問題になることはよくあります。「自分と関係のない問題」と言い切れるのかどうか、慎重に確認する必要がありそうです。

③ **目的・内容**

取り組む目的や内容によって、「仕事の問題」「趣味の問題」「宗教の問題」といった区分をします。

ITに代表される科学技術の発展や社会の価値観の多様化などによって、問題の内容はどんどん複雑に、多岐に渡るようになっています。

④ **正解のある・なし**

問題には、正解がある場合とない場合があります。あるべき姿が明確で解決した状態がはっきりしている「正解が1つの問題」もあれば、「複数の正解がある問題」、さらに「正解がない問題」があります。

宗教の対立や領土問題など、「正解のない問題」が重要性を増しています。

⑤ **時間軸**

問題が発生する時間によって、「すでに発生して終わった問題」「発生し、現在もつづいている問題」「これから発生する問題」という区分ができます。

⑥ **重要度・影響**

問題には、当事者や関係者にとって、重要度や影響の大小があります。「重要な問題」と「重要でない問題」という区分ができます。

⑦　対応方法

すべての問題を解決に向けて取り組むのではなく、いろいろな対応の仕方があります。「解決に向けて取り組む問題」「解決に取り組まない問題」「対応が決まっていない問題」といった区分ができます。なお「解決に向けて取り組む問題」のことをとくに課題と呼びます。

⑧　難易度

問題を解決するに当たり、難易度の違いに応じて、「難しい問題」「簡単な問題」という区分をします。現状とあるべき姿のかい離が大きいのが「難しい問題」、小さいのが「簡単な問題」と言えます。

◆ 問題の状況を俯瞰する

私たちの生活は、問題がない、あるいは1つしかないという状態はなく、通常、複数の問題に直面しています。そのとき、複数の問題を同列に扱うことはなく、上のような基準・切り口に従って意識・無意識に分類します。分類のことを英語で**グルーピング**（grouping）、分類を行う上での基準・切り口のことを**クライテリア**（criteria）と言います。

普段は問題のグルーピングなどということを意識することはないでしょう。しかし、問題解決を通してより良い生活をするためには、できるだけ意識的にグルーピングを行うと良いでしょう。

まず、自分にとっての問題を書き出します（問題を認識する具体的な方法は、第3章と第4章で解説します）。そして、自

分にとって重要だと思うクライテリアを取り上げ、それに従って問題をグルーピングします。

川添さんは、書店で売り場責任者をしています。書店や家庭のこと、自分自身のこと、さらには世の中で気になっていることを振り返って、以下の7つの問題を認識しました。

A・世間では非正規勤務の若者が増え、所得格差が広がっている。
B・長男が来年高校受験だが、成績が振るわない。
C・健康診断でメタボリックシンドロームと診断された。
D・若い人が伝記や古典のような良書を読まなくなった。
E・最近、書店で万引き被害が増加している。
F・店員の接客が悪化している。
G・来年近隣にライバルが大型書店を出店するので、影響を受けそうだ。

川添さんは、7つの問題を先ほどの基準を使ってグルーピングしました。図表1-2は、グルーピングの結果を整理したものです。

このようにグルーピングして問題を俯瞰すると、自分が認識している問題の偏りが見えてきます。「会社の問題に偏っているな。もう少し、家庭や地域の問題についても考える必要がありそうだ」「現在発生している目先の問題に集中しすぎているかな」などと反省し、軌道修正をすることができます。

図表1-2　問題のグルーピング

	家庭			職場			地域		社会	
1. 発生場所	C メタボ	B 長男成績不振		E 万引き増加	F 店員接客悪化	G 競合の大型店			D 若年層本離れ	A 所得格差
2. 時間軸	現在				現在			未定		将来
	A 所得格差	F 店員接客悪化		C メタボ	B 長男成績不振	D 若年層本離れ		C メタボ D 若年層本離れ	G 競合の大型店		G 競合の大型店
3. 対応方法	取り組む									取り組まない
	E 万引き増加	B 長男成績不振		F 店員接客悪化	C メタボ					A 所得格差
4. 難易度	低			中				高		
	F 店員接客悪化			E 万引き増加	C メタボ	B 長男成績不振		G 競合の大型店	D 若年層本離れ	A 所得格差

第3節　良い問題とは？

◆ 複雑な問題とは

どのような問題を認識し、対処するかは、もちろん人それぞれです。ただ、問題解決を通してより良い生活、より良い人生を送りたいなら、2つの視点を持つと良いでしょう。

1つは、複雑な問題に対処することです。問題には、単純な問題と複雑な問題があります。複雑な問題とは、次の4つの条件のいくつかを満たす、解決が難しい問題です。

① 何が問題かわからない

人それぞれ、あるべき姿や現状の認識が違うため、何が問題になっているのかわからない、本当に問題なのかどうかわからない、ということがよくあります。当然、問題だと認識できなければ解決できません。

1990年スポーツシューズのナイキ（Nike）は、スウェットショップ（Sweatshop）問題で社会の批判を浴びました。スウェットショップとは、「搾取工場」と訳されるように、ナイキが製造委託しているベトナムなど東南アジアの下請工場で、強制労働、児童労働、低賃金労働、長時間労働が行われていたというのです。

アメリカの人権保護団体などがナイキを激しく糾弾し、国際的な問題に発展しました。ただ、ナイキで働いて生計を立てている労働者や税収を得ている現地政府からは、とくにナイキを問題視する声は上がりませんでした。本当に問題と言えるのか、

焦点がわかりにくい状態でした。

② 原因が多数あり、真因がわからない

　問題の原因は１つであるとは限らず、たくさん存在する場合があります。たくさん原因があり、原因のそのまた原因が連関していると、どれが真の原因なのか特定しにくくなり、解決することが難しくなります。

　2005年に発生したJR西日本・福知山線の脱線事故は、直接の原因はスピードの出し過ぎですが、さらにその原因として、オーバーラン、過密ダイヤ、サービス競争、懲罰的な教育など多くの影響が指摘されています。事故調査委員会の調査結果報告に多くの関係者が納得していない通り、いろいろな原因が絡み合った複雑な問題でした。

③ 解決策がたくさんあり、ベストの解決策がわからない

　たいていの問題は、解決策が１つではなく、いろいろな解決策が考えられます。たくさんの解決策があり、どれがベストなのか判断がつきにくい場合、解決することが難しくなります。

　職場で部下が自分の期待通りに働いてくれないという場合、問題自体は単純かつ明白ですが、対応策は、叱咤する、教育する、放置する、自分が代わりに仕事をする、他の担当者を探す、仕事の目標水準を下げる……など、いろいろとありそうです。

④ 解決策の実行が難しい

　問題解決のために特定の解決策を実施する必要があるとわかっていても、それを実行して解決するのが難しいということがあります。

　日本では、年金の財政が悪化し、制度の持続が困難になる日が近づいています。年金の財政を立て直すには、一定の給付削

減が必要だと多くの人が認めています。このように、解決策はかなりはっきりしていますが、受給者の拒否反応や政治的対立などから、何十年間も給付削減は実現していません。

◆ 複雑な問題に対処する

多くの社会人は、近年、複雑な問題が増えていると実感していることでしょう。問題とはあるべき姿と現状のギャップであり、現状とあるべき姿を捉えるのが難しくなっているからです。

近年、さまざまな環境変化が押し寄せています。現状分析の進め方については第3章で検討しますが、少し振り返っても、グローバル化、IT化、地球環境の悪化、少子高齢化など、劇的な環境変化が想起されます。

また、環境変化の激しい中に身を置く私たちの価値観・考え方も多様化し、何があるべき姿なのか、わかりにくくなっています。かつて"一億総中流"と言われたように、日本は画一的な文化だと言われましたが、最近はずいぶんと状況が変わっているようです。

こうした事情から、複雑な問題が増加しており、社会人は複雑な問題への対応を迫られています。

単純な問題は、解決して当然で、それ自体がビジネスや家庭生活を劇的に良くするわけではありません。複雑な問題こそが社会人にとって重要な問題であり、それを認識し、対処できて、初めてビジネスや家庭生活が大きく改善するのです。

◆ 見える問題・探す問題・創る問題

問題解決でもう1つ重要な視点は、見える問題だけでなく、探す問題・創る問題に対処することです。

先ほどのグルーピングを発展させたものとして、見える問題・探す問題・創る問題という捉え方をよくします。これは、すでに発生しているか、すでに認識しているか、という2つの切り口で問題を分類するものです。

図表1-3　見える問題・探す問題・創る問題

	発　生	認　識
見える問題	○	○
探す問題	○	×
創る問題	×	×

① 見える問題

すでに発生しており、明確に認識している問題のことを「見える問題」と言います。

食品メーカーのハロー食品で営業担当をしている前村さんは、ある日、担当得意先のスーパー丸正から、「今月末の商品代金を支払えない」という連絡を受けました。スーパー丸正は業績が低迷し、資金繰りが悪化しているようで、実際に支払いが滞ると、ハロー食品は2千万円を超える貸倒損失が発生しそうです。

早速、前村さんは、対策に着手しました。スーパー丸正の資金繰りを調べるとともに、同社の取引銀行に追加融資を依頼す

るなど対応しました。この前村さんの迅速な対応によって、丸正から月末の入金があり、ハロー食品は損失発生を免れることができました。

この状況は、すでに問題が発生し、前村さんは問題を明確に認識できていますから、前村さんにとって「見える問題」です。

② 探す問題

すでに発生していますが、まだ明確に認識できていない問題のことを探す問題と呼びます。

スーパー丸正の問題を解決した前村さんは、緊急対応を終えると、他部門を含めてハロー食品の与信管理体制を確認しました。

その結果、与信管理規程が20年間改訂されておらず、現在の取引の実態に合っていない、取引先の経営実態を社内で共有する仕組みがない、という問題が見つかりました。

前村さんは、経営陣に提案してプロジェクトチームを編成し、3か月かけてこれらの問題を解決しました。

この状況は、すでに発生しており、前村さんは今回初めて認識できたので、「探す問題」ということになります。

③ 創る問題

まだ発生していませんし、明確に認識できていませんが、高い理想を追求するためにあえて取り組んでいく問題のことを「創る問題」と言います。

日本の人口が減少し、加工食品の国内市場が縮小しており、ハロー食品は、海外への事業展開を検討しています。海外では、なじみの薄い現地の顧客と取引をすることから、信用リスクが高まります。

前村さんは、経営陣にプロジェクトチームの延長を申請し、海外事業での与信管理の体制・進め方について検討を始めました。
　この状況は、まだ発生しているわけでなく、今回初めて認識できたので、「創る問題」ということになります。

◆ 問題は良いこと

　私たちが家庭や職場で取り組む問題解決のほとんどは、見える問題への対処でしょう。問題が発生し、目の前にあるわけですから、対処しないわけにはいきません。

　しかし、前村さんのように、見える問題に受動的に対応するだけでなく、能動的に探す問題、創る問題に取り組む場合もあります。

　見える問題のことを"原状回復型の問題"と呼ぶことがあります。見える問題を解決しても、好ましくない状態から脱して元の状態に回復するだけで、元の状態と比べて改善するわけではありません。

　一方、探す問題や創る問題、とくに創る問題にしっかり対応すれば、現在や元の状態と比べて状況が大いに改善することがあります。

　私たちは問題と言うと、先ほど確認した通り、「面倒なこと」「できれば避けたいこと」と考えがちです。ただ、探す問題や創る問題に取り組むことによって、以前よりもより良い状態になるわけですから、問題は良いことなのです。

　幕末、江戸幕府はアメリカ・イギリスなど欧米列強の圧力に屈し、通商条約を締結しました。日本に関税自主権がなく、在

留外国人の治外法権が認められるなど、日本に著しく不利な不平等条約でした。

　明治時代になり、不平等条約の改正が国家的な課題になりました。ここで明治政府は、単に条約改正を目指して欧米列強と交渉をするだけでなく、欧米列強と対等に渡り合える近代国家を創ることを目標に掲げ、政治・経済・軍事などの大改革を進めました。

　その結果、1867年の明治維新から不平等条約が改正された1894年までの30年足らずで、日本は貧しい農業国からアジア初の近代工業国家へと大変貌を遂げることができました。

　もし、明治政府が不平等条約だけを問題にし、条約改正に満足していたら、今日の日本の繁栄はなかったのではないでしょうか。不平等条約は、もちろん、当時の日本人にとって屈辱・苦悩でしたが、結果的に、近代日本にとって良い問題だったのです。

◆ 良い問題が組織・個人を発展・成長させる

　国家レベルだけではありません。問題解決がきっかけに企業が飛躍的に発展することはよくあります。

　セコムは、1962年に日本初の警備保障会社として発足し、警備員を契約先に派遣する人的警備の事業で順調に成長していました。ところが、あるとき派遣先で、セコムのガードマンが泥棒を働きました。信用を売る企業が、信用をゼロにしてしまうというとんでもない事態になったのです。経営陣は日夜得意先を訪問して謝罪し、夜は社員との話し合いを持って、コミュ

ニケーションの円滑化を図りました。

それと同時に、飯田亮社長（当時）は、人的警備の限界を痛感しました。自分の目の届く小さな組織のうちは良いが、事業が発展して組織が大きくなると、管理が難しくなる、それなら人間は人間にしかできないことをして、機械を使って警備を提供するべきではないか、と考えました。

早速飯田は、センサーを使ったセキュリティ・システムの開発に着手し、1966年に機械警備を事業化しました。そして、機械警備の事業にめどが立った1970年、人的警備の事業から撤退し、以後、機械警備事業を中心に今日まで発展を続けています。

たいていの企業は、トラブルが発生したらそれに対処し「やれやれ」でおしまいでしょう。セコムは、警備員の盗みという見える問題に対処したにとどまらず、機械警備ビジネスの創造という創る問題に取り組むことによって、飛躍的に成長したのです。

セコムのように、長期間に渡って成長・発展する企業は、見える問題に受動的に対処するだけでなく、探す問題や創る問題に能動的に取り組んでいます。

国家や企業だけでなく、成功する個人、幸福な家族でも同じです。

日本経済新聞の人気コーナー「私の履歴書」には、ビジネス・政治・芸術・スポーツなどさまざまな世界の成功者の成功に至った道のりが紹介されています。そこに登場する成功者のほとんどは、順風満帆に短期間に一直線で成功に至ったわけではありません。長期間に渡って努力を積み重ね、いろいろな失

敗をし、回り道の末に成功にたどり着いています。

　そして多くの場合、若い頃に、困難な問題に直面し、それを解決することで"一皮むける"経験をしています。問題は、成功の母なのです

◆ 良い問題解決、悪い問題解決とは

　問題を認識し、解決に向けて取り組むことを問題解決と言います。私たちは日常、何気なく問題解決に取り組みますが、良い問題解決と悪い問題解決があります。

　悪い問題解決というと、まず思いつくのは、発生した問題が解決されない状態がつづくことでしょう。騒音問題がいつまでもつづくようでは、困りものです。

　ただ、発生した問題がきちんと解決すれば良い問題解決だと考えられるのでしょうか。

　問題が解決して元の状態に復旧したとしても、問題発生から解決するまでの時間が無駄になり、労力・コストがかかります。トータルで考えると、問題発生前と比べてマイナスですから、良い問題解決とは言えません。

　同じように、あまり重要でない問題を取り上げて解決に向けて取り組むのも、たとえ問題が解決できたとしても、良い問題解決とは言えません。私たちが使える時間・労力・資金には限りがあります。重要性の低い問題への対応に忙殺され、通常の仕事や家庭に悪影響が出てしまったり、もっと重要性の高い問題に取り組むことができなくなってしまうようではいけません。

　良い問題解決とは、どういう状態でしょうか。

先ほど複雑な問題や探す問題・創る問題のところで考察した通り、問題は良いことです。重要な問題を捉えて解決すること、さらに問題解決を通して組織・家庭・個人が発展・成長することが、良い問題解決のあり方なのです。単に困った状態が原状回復するだけで満足してはいけません。

【第1章のまとめ】

- 問題とは、あるべき姿と現状がかい離している状態です。
- あるべき姿や現状は、人によって認識が異なりますから、問題は主観的な性格を持ちます。
- 問題は、発生場所、自分との関係、目的・内容、正解のある・なしなどの基準で分類できます。
- 社会人にとって、複雑な問題が増えています。複雑な問題とは、①何が問題かわからない、②原因が多数あり、真因がわからない、③解決策がたくさんあり、ベストの解決策がわからない、④解決策の実行が難しい、という条件が当てはまる問題です。
- すでに発生しているか、すでに認識しているか、という2つの切り口から、「見える問題」「探す問題」「創る問題」という分類をすることができます。「探す問題」「創る問題」に主体的に取り組むようにします。
- 問題解決を通して、国家・組織・個人が飛躍的に発展・成長することがあります。問題は良いことなのです。
- 重要な問題を捉えて解決すること、さらに問題解決を通して組織・家庭・個人が発展・成長することが、良い問題解決のあり方です。

【学習課題】・・

1．現在あなたが認識している問題を列挙してください。
2．それらを時間軸、場所、重要度など適切な基準でグルーピングして、問題の認識にどのような偏りがあるかを確認してください。
3．複雑な問題を取り上げて、解決に向けて取り組んでいるでしょうか。
4．あなたがこれまで取り組んできた問題は、見える問題、探す問題、創る問題のどれが多いでしょうか。探す問題や創る問題に能動的に取り組んでいるかどうかを確認してください。
5．あなたの所属組織、家庭、あなた自身は、問題解決を通して発展・成長しているでしょうか。

第2章
問題解決の進め方

複雑な問題は、一足飛びに解決することはできず、プロセスを踏んで段階的に解決に向けて取り組む必要があります。この章では、問題解決のプロセスの内容と留意点を紹介します。

第1節　なぜプロセスを踏むのか？

◆ 普段はプロセスを気にしない

　この章では、問題解決の進め方、とくに、どのようなプロセスを踏んで問題を解決していくのかを検討します。

　私たちは、日常直面する問題のほとんどを、あまり手間暇をかけず、さっさと解決します。「ちょっと風邪を引いたかな」というくらいなら、市販の風邪薬を飲んで早めに寝て済ませてしまう具合です。

　ただ、頻度はそれほど多くないものの、複雑な問題については、プロセスを踏み、手間暇をかけないと、問題解決を実現することができません。

　私たちは普段、問題の内容や問題解決の結果については大いに気にしますが、問題解決のプロセスについては、それほど気にしません。しかし、より良い問題解決をするには、問題解決のプロセスを理解し、プロセスに沿って問題解決を進めることが大切です。

◆ プロセスを踏むことのメリット

　プロセスを踏んで問題解決を進めることの理由あるいはメリットは、以下の3点です。

　1つ目に、プロセスを踏むことによって、複雑な問題に対応することができます。第1章で確認した通り、複雑な問題は何が問題になっているのかよくわかりませんから、問題が起こっ

た状況をしっかり分析する必要があります。また、原因や解決策がたくさんありますから、真因を特定し、ベストの解決策を探る手続きが必要になってきます。こうした手続きを踏むことなしに、複雑な問題を解決することはできません。

　２つ目に、プロセスを踏むことによって、問題解決の質が高まります。後ほど詳しく検討する通り、問題解決では、いろいろな事がらを幅広く創造的に考える発散的思考と情報やアイデアを整理・統合する収束的思考の両方が要求されます。（科学的には俗説だとされていますが、発散的思考では右脳、収束的思考では左脳を使うという考え方を脳機能局在論と言います。）発散的思考と収束的思考は思考のパターンがまったく違うので、両方を一度に実施しようとすると、思考の効果が著しく低下してしまいます。とくに複雑な問題について質の高い問題解決を実現するには、明確にフェイズを分けてプロセスを踏む必要があるのです。

　３つ目に、プロセスを踏むと、問題解決の成果が安定します。よくエンジニアリングの世界では、「プロセスを安定させると成果が安定する」と言われますが、問題解決でも同じです。能力の高い人が絶好調の状態だと、ようやく良い問題解決ができるということではいけません。適切なプロセスに沿って安定的に問題解決を進めることによって、多少能力が劣る人でも、多少調子が悪いときでも、ある程度の問題解決を実現できます。

第2節　問題解決のプロセス

◆ 6段階の基本プロセス

問題解決では一般に、図表2-1のような6段階のプロセスを踏みます。

図表2-1　基本プロセス

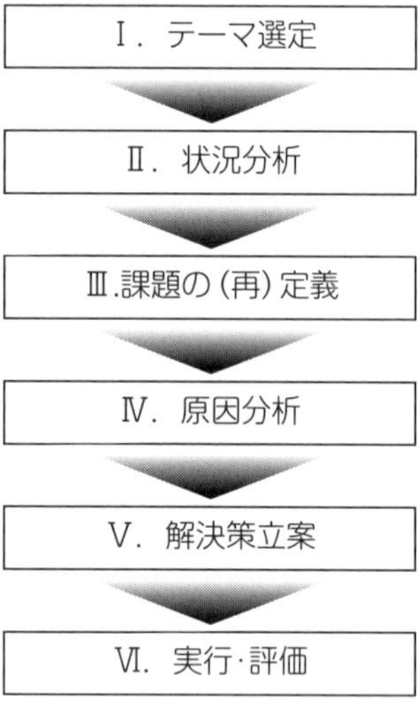

```
Ⅰ. テーマ選定
    ↓
Ⅱ. 状況分析
    ↓
Ⅲ. 課題の(再)定義
    ↓
Ⅳ. 原因分析
    ↓
Ⅴ. 解決策立案
    ↓
Ⅵ. 実行・評価
```

専門家によっては、プロセスを10段階にも15段階にも分ける場合があるようですが、細分化することにあまり大きな意味があるとは思えません。それよりも、問題解決プロセスは、大きく「問題発見」と「問題整理・解決」のプロセスに大別できることを知っておくと良いでしょう。

「問題発見」とは、どのような問題に取り組むかを決めるこ

とで、前半のⅠ、Ⅱ、Ⅲがこれに当ります。「問題整理・解決」とは、捉えた問題について解決していくことで、後半のⅣ、Ⅴ、Ⅵの部分です。

◆ 問題解決の実際

　６段階の問題解決プロセスをどのように進めていくのか、具体例を使って少し詳しく見ていきましょう。

Ⅰ．テーマ選定

　まず、大まかな取り組みのテーマを決めます。上司・顧客・家族といった人から命じられることもあれば、自分自身が気になることを取り上げる場合もあります。

　池村さんは、IT企業でSEをしています。同じ会社に勤務する夫と1歳の娘がいます。

　現在、娘を自宅近くの認可保育所に預けて会社に勤務していますが、保育所では娘を18時30分までしか預かってくれません。そのため、夫と自分のどちらかが会社を定時で退社して、大慌てで娘を迎えに保育所へ急ぐ毎日です。保育所の使い勝手が悪く、仕事にやや支障が出ており、気になっています。

　池村さんにとって、「娘の保育所の使い勝手の悪さ」というのが大まかな取り組みテーマになります。

Ⅱ．状況分析

　次に、テーマおよび関連する状況を分析します。

　池村さんは、何とか事態を改善できないものか、状況を調べることにしました。まず、現在利用している保育所について、時

間延長サービスの条件を調べました。さらに、認可外のものも含めて、もっと使い勝手の良い保育所が近くにないものかインターネットの口コミサイトなどを使って調べました。

それだけでなく、会社での仕事の進め方や日頃の子育てについても確認しました。

Ⅲ．課題の（再）定義

状況分析とあるべき姿から課題を（再）定義し、解決目標を定めます。

池村さんが最初に気になっていたのは、保育所の使い勝手の悪さでした。しかし、調べていくうちに、現在の保育所はサービスが全般に悪い、自分の仕事が非効率である、娘とのコミュニケーションが少ない、などいろいろな問題が見えてきました。池村さんは、こうした問題の中から、娘と接する時間を増やすよう取り組むことにしました。

池村さんは、Ⅰで「娘の保育所の使い勝手の悪さ」を取り上げましたが、ここでそれと少し異なる課題を取り上げています。

Ⅳ．原因分析

問題の原因を分析します。それを Why ツリーに体系化することもあります。

池村さんは、娘と接する時間が少ない理由を分析しました。いろいろな理由が見つかりましたが、大きくは、保育所から都内の勤務先までの通勤時間が長いことと仕事量の増大に伴って残業が増えていることの2つが原因だと確認できました。

Ⅴ．解決策立案

解決策の選択肢を列挙します。それを How ツリーやデシジョン・ツリーによって体系化することもあります。決定基準

を選んで、特定の基準によって解決策を選択します。

　池村さんは、通勤時間を短くすることと仕事量の増大にどう対処するかを検討しました。短時間勤務、フレックス勤務、転居、チーム内の業務分担の変更、他部署への異動など、いろいろなアイデアが出てきました。

　仕事が滞ることや収入の減少などの悪影響が心配されましたが、最終的に、娘との時間を長く確保できる在宅勤務に変更することにしました。

Ⅵ. 実行・評価

　選択した解決策を具体化し、リソース（資源）を調達して実行します。進捗を確認し、成果を実現し、成果を評価し、定着させます。また、以上ⅠからⅤの問題解決プロセスを振り返って、次の問題解決に生かしていきます。

　池村さんは、会社と交渉し、向こう3年間は週5日のうち3日間を在宅勤務することにしました。自宅のIT環境を見直し、早速在宅勤務を始めました。1か月たち、娘と接する時間は増えましたが、在宅勤務では対応できない業務が目立つようになったため、上司に仕事の分担を少し見直してもらいました。

　こうして、池村さんは問題を解決することができました。

第3節　問題解決プロセスの留意点

　次の第3章から第6章まで、図表2-1の基本プロセスに沿って、問題解決を進める上での具体的なポイントや技法について考えていきます。その前に、プロセスを適用する上での全体的な留意点を3点指摘しておきましょう。

◆ 柔軟にプロセスを変える

　第1の留意点は、柔軟にプロセスを変えることです。

　先ほど紹介したプロセスはあくまで標準的なものであって、いつでも、どのような問題でも同じプロセスで問題解決を進めるというわけではありません。問題の種類・内容、利用できるリソース、人の能力・考え方などによって、大きく異なります。

　単純な問題ならば、プロセスの一部を省略することがよく行われます。昨晩飲みすぎて会社の始業に遅刻してしまったという場合、あれこれと状況・原因を調べたり、いろいろな解決策を検討する必要はありません。飲み過ぎないように気合を入れなおせば十分でしょう。それでたいていは問題が解決し、振り返り・評価も割愛します。図表2-2のような、シンプルなプロセスです。

図表2-2　シンプルなプロセス

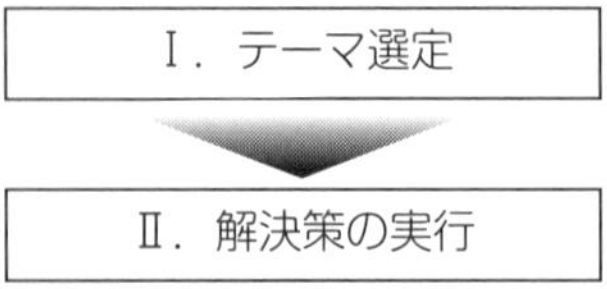

```
┌──────────────────┐
│   Ⅰ．テーマ選定   │
└──────────────────┘
          ▼
┌──────────────────┐
│   Ⅱ．解決策の実行 │
└──────────────────┘
```

また、工場における品質トラブルのように緊急を要する問題では、時間を掛けて状況を調査し、原因を分析するより、何よりまず迅速に応急処置を講じなければなりません。それがひと段落ついたら、状況と原因を調べて、今後に向けて課題を定義しなおしてから、抜本的な対策を打つことになります。

2011年3月に発生した東日本大震災・原発事故でも、まずは被害が拡大しないように応急の対応を行った上で、原因を究明して抜本的な対応策を打つというプロセスが進行しています。

図表 2-3　まず対応策を取る

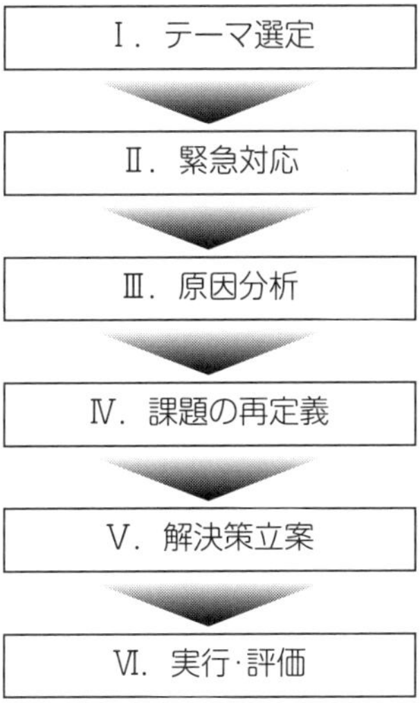

```
Ⅰ. テーマ選定
   ▼
Ⅱ. 緊急対応
   ▼
Ⅲ. 原因分析
   ▼
Ⅳ. 課題の再定義
   ▼
Ⅴ. 解決策立案
   ▼
Ⅵ. 実行・評価
```

◆ 重点化する

標準的なプロセスに従う場合でも、プロセスの各段階をまったく同じような力の入れ方をするのではなく、あるところに重

点を置いたり、力を抜いたりします。

　各段階のどこに重点を置くかはケースバイケースで、問題によって大きく異なるでしょう。たとえば、まったく未知の問題なら、先ほどの図表 2-1 のうち「Ⅱ．状況分析」を綿密に実施する必要があります。たくさんの利害関係者が解決策の実行に絡むような場合、「Ⅵ．実行・評価」を慎重に進めます。

　このように、問題解決のプロセスは非常にフレキシブルです。杓子定規に標準プロセスを当てはめるのではなく、問題に応じてベストのプロセスを考える必要があります。

　とは言え、先ほどの標準プロセスを基本型として理解することは大切です。基本プロセスがしっかり頭に入っていると、実際の問題解決において、自分がいまどの段階に取り組んでいるのかが掴めるとともに、適切なプロセスを踏んでいるのかどうかを確認できるからです。

◆ フェーズを明確に分ける

　第2に、検討のフェーズ（段階）を意識します。複雑な問題を解決するには、プロセスのフェーズを明確に分けて検討・作業を進めることが重要です。

　私たちは問題に直面すると、できるだけ手早く片づけようとします。もちろん、多忙な社会人にとって、とくにビジネスでは、スピードが大切ですが、困難な状況から逃れることを優先し、いい加減な検討になってはいけません。

　思考力が相当に高い人でも、複数のことを同時に扱うと、なかなか良い思考作業ができません。複雑な問題を解決するプロ

セスでは、分析、発想、整理、判断などいろいろなタイプの思考作業が必要で、これらを一気に片付けようとすると、問題解決の質が低下してしまいます。

とくに、問題点や解決策をゼロベースで考える発散的思考とアイデアや集めた情報を体系的に整理・統合する収束的思考は、大きく異なります。したがって、発散と収束を同時に片付けようとすると、思考の質が低下します。

問題解決は発散と収束の繰り返し、仮説形成と検証の繰り返しであることを理解し、どのフェーズを実施しているのかを明確に認識するようにしましょう。

◆ フェーズごとに適切な技法を用いる

3つ目の留意点は、フェーズごとに適切な問題解決技法を活用することです。

問題解決では、過去の経験に依存したり、勘に頼ることが多いのが実態です。単純な問題や繰り返し発生するおなじみの問題ならそれでも構いませんが、複雑な問題や新しい問題に対処するには、さまざまな問題解決技法を用いることが欠かせません。

問題解決には、すでに効果が証明された数々の有用な技法があります。問題の内容に応じた適切な技法をプロセスの中で用いることによって、問題解決の効果・効率が高まります。

問題を発見したり、解決策を立案するには、ブレイン・ストーミングなどの発散技法やSWOT分析などの分析技法を用います。問題点と原因を体系的に整理するにはWhyツリー、解決

策を整理するには、Howツリー、デシジョン・ツリーなどの技法を用います。

それぞれの技法については次章以降で詳しく解説しますが、1つひとつの技法を理解し、習熟するのもさることながら、問題解決プロセスのどこでどのように使うかが重要です。どんなに優れた技法でも、使う場面をしっかり見極め、状況に応じた使い方をしないと、十分な効果を得られません。

図表2-4　問題解決プロセスと技法

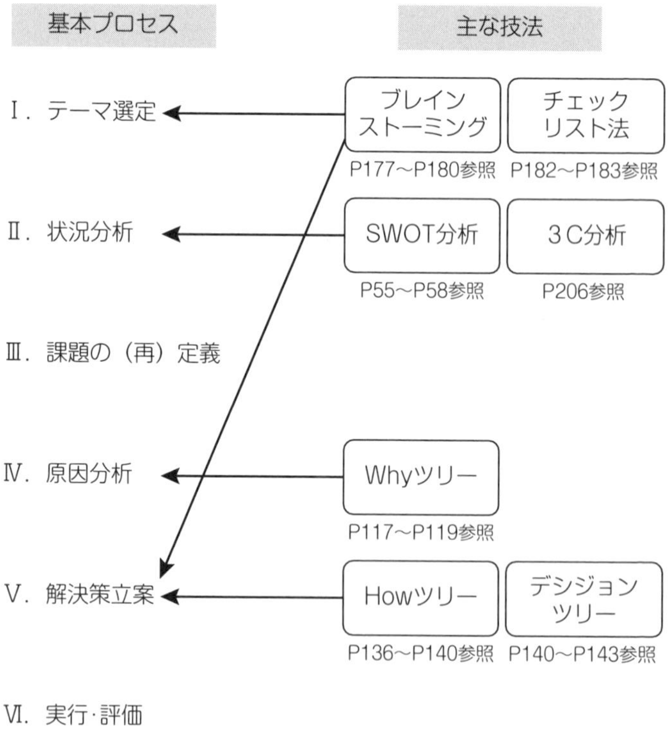

基本プロセス / 主な技法

Ⅰ. テーマ選定 ← ブレインストーミング（P177～P180参照） / チェックリスト法（P182～P183参照）

Ⅱ. 状況分析 ← SWOT分析（P55～P58参照） / 3C分析（P206参照）

Ⅲ. 課題の（再）定義

Ⅳ. 原因分析 ← Whyツリー（P117～P119参照）

Ⅴ. 解決策立案 ← Howツリー（P136～P140参照） / デシジョンツリー（P140～P143参照）

Ⅵ. 実行・評価

【第2章のまとめ】

- 問題解決はプロセスを踏んで進めます。プロセスを踏むことによって、複雑な問題、大きな問題を効率的・安定的に解決することができます。
- 標準的な問題解決プロセスは、以下の6段階です。
  - Ⅰ.テーマ選定
  - Ⅱ.状況分析
  - Ⅲ.課題の（再）定義
  - Ⅳ.原因分析
  - Ⅴ.解決策立案
  - Ⅵ.実行・評価
- ただし、問題の内容によってプロセスを柔軟に修正する必要があります。
- プロセスのフェーズを明確に分けて検討・作業を進めることが重要です。
- フェーズごとに適切な技法を用いることによって、問題解決の効率・効果が高まります。

【学習課題】‥‥‥‥‥‥‥‥‥‥‥‥‥‥‥‥‥‥‥‥‥‥‥‥‥‥

1．過去の自分あるいは所属組織の問題解決を振り返って、どのようなプロセスを踏んだのか確認してください。
2．問題解決において、プロセスをどこまで意識していたでしょうか。
3．問題の内容に応じて、柔軟にプロセスを見直しているでしょうか。
4．フェーズを明確に分けて検討作業を進めたでしょうか。
5．問題の内容に応じた適切な技法を使い、効率的・効果的に問題解決を進めたでしょうか。

第3章
生活・仕事を分析する

問題解決プロセスの出発点は、生活や仕事の状況を分析することです。この章では、家庭や仕事の状況を幅広く、深く分析する技法と留意点を確認します。

第1節　問題認識のための状況分析

◆ 絶対に失敗する問題解決とは？

　良い問題解決をするのは、なかなか難しいことです。本書で紹介するいろいろなスキルを身に付け、的確に活用する必要があります。しかも、スキルが身に付いたからといって絶対に問題解決に成功するという保証はありません。

　それに対し、問題解決に絶対に失敗してしまうパターンがあります。それは、問題を取り上げて解決に向けて取り組まない場合です。

　何が問題なのかわからない状態では、解決できません。基本的に、「これは問題だ！」と明確に認識できた場合だけ、解決に結びつけることができます。

　逆に、チェスタントンの「解決策がわからないのではない。問題がわかっていないのだ」という名言の通り、明確に問題を認識できれば、多くの問題は解決できてしまうものです。

　重要な問題を見逃してしまったり、不適切な問題や些細な問題を取り上げて労力・時間・コストをかけて解決に取り組んではいけません。問題解決プロセスの前半で的確に問題を把握することが大切です。

　第3章と次の第4章では、問題の捉え方について考えます。問題とはあるべき姿と現状のギャップですから、まず第3章では状況分析を、第4章ではあるべき姿を描き、問題を認識する方法を検討します。

第3章　生活・仕事を分析する

◆ 軽視されている状況分析

　ところで、私たちの家庭や職場で、状況分析はないがしろにされているのではないでしょうか。

　もちろん、親が亡くなって相続問題が発生したら、大慌てで親の残した財産を調べるように、実際に問題が起こったら否応なく問題の発生状況を調査・分析します。ただ、日常生活の中で、家族・自分自身のことを改めて分析するということはまれでしょう。会社でも、年度の目標を立てたりする際に、上司から命じられて状況分析することはありますが、自ら進んで状況分析をすることは少ないのではないでしょうか。

　おそらく、「改めて分析しなくても、自社のことはだいたいわかっているよ」「分析なんて面倒だし、やったからって何がわかるの？」という心理かと思います。

　しかし、自分のことや所属組織のことは、わかっているようで意外とわかっていなかったりします。肥満が気になって健康診断を受けてみたら、肝臓や胃にもいろいろな問題が見つかるように、改めて状況分析を行うと、今まで気づかなかったことを発見できるものです。

第2節　問題の発生状況の分析

◆ まず見える問題について調べる

すでにある問題に直面している場合（見える問題）や上司や顧客などからあるテーマを検討するように指示・依頼された場合、まず問題・テーマの状況を分析します。

問題の内容にもよりますが、以下のような項目を体系的に分析すると良いでしょう。

① **問題内容**
何が問題になっていますか。なぜ問題と言えるのでしょうか。

② **背景**
問題の背景となっている組織、事業、職場、自分自身の状況。

③ **経緯・展開**
どのような状況で、どのような経過で問題が形成され、発生しましたか。今までのところ、どのように対応していますか。

④ **原因**
原因は何でしょうか。たくさん原因がある場合、真因は何でしょうか。

⑤ **関係者**
問題によって誰が影響を受けているでしょうか。問題の原因に関係している人は誰ですか。今後の解決において関係しそうな人は？。

⑥ **被害・影響の広がり**
どのような被害・影響が出ていますか。また、今後どのよう

に変化するでしょうか。

　どの項目も重要ですが、とくに注意したいのが⑤と⑥です。問題は、直接の当事者にとどまらず、いろいろな関係者に幅広く影響が及ぶことがあります。

◆ 問題の周辺に限定しない

　私たちはどうしても、身近なところしか目が行きませんが、影響が及ぶ範囲を可能な限り広く分析します。

　たとえば、工場に部品を配送している物流会社が間違って別の部品を配送してしまった場合、当然、まず顧客の購買担当者への影響を想起しますが、それによって顧客の生産計画に影響が出ないか、顧客のさらに顧客には影響がないか、と先の先まで見るようにします。

　見える問題に直面したら、あるいは上司や顧客から指示・依頼されたテーマがあるなら、まずその問題・テーマについてしっかり調べますが、それで分析作業を終えてはいけません。第1章で述べた通り、見える問題の他に、探す問題、創る問題があるかもしれないからです。

　見える問題は、家庭や仕事の問題について改めて考える良いきっかけです。見える問題の状況に限定することなく、家庭や仕事を広く分析します。

第3節　体系的な分析

◆ 幅広く情報を集める

　状況分析の第1のポイントは、直接の問題以外にも、幅広く情報収集をすることです。

　先ほど確認した通り、私たちは、問題に直面すると、問題の状況を調べます。あるいは、気になっていることがあれば、それについて調べます。

　新築一戸建て住宅を買って12年間住んでいる北田さんは、外壁のひび割れなど住居の傷み具合が気になっています。そこで、北田さんは、次の4点を調べました。

① まず脚立に乗って、自分で傷み具合を点検しました。
② ホームページで外壁塗装を業者に頼む場合の料金相場を調べました。
③ つづいて、リフォームにどこまで支出できるのか預金残高や今後の大きな支出を確認しました。
④ 最近リフォームをしたという知人に相談し、信頼できるリフォーム業者を教えてもらいました。

　北田さんが調べた4点は、いずれも必要な調査事項でしょう。ただ、これだけで十分でしょうか。問題があるのは、外壁のひび割れだけとは限りませんから、発生した問題や気になること以外にも、範囲を広げて情報収集するべきです。

　外壁など住宅だけでなく、家の中にある家具や電化製品も古

くなり、故障・劣化しているかもしれません。また、そもそも現在の住宅が満足いくものなのか、広さ、日当たり、立地などを改めて振り返ってみる良い機会でもあります。場合によっては、もっと良いところに転居するという大きな話に発展するかもしれません。

　見える問題に対処するには問題点や気になることを調べれば十分です。しかし、探す問題や創る問題を把握するには、範囲を広げて幅広く情報収集するべきです。壁が壊れていたら、家全体を確認します。お客さまとコミュニケーションがうまくいかなかったら、同僚や家族とのコミュニケーションを見直します。ある事業部門の業績が悪化したら、他の事業を含め会社全体の状況を確認します。こうして少しでも分析の範囲を広げられるかどうかで、問題認識が大きく違ってきます。

◆ SWOT分析で体系化する

　状況分析では、幅広く収集した情報を体系的に整理するようにします。ビジネスの世界で、情報を整理する定番の技法と言えるのが、SWOT分析です。

● S・強み（Strength）
　組織・個人の発展・成長にプラスに働く内部要因
● W・弱み（Weakness）
　組織・個人の発展・成長にマイナスに働く内部要因
● O・機会（Opportunity）
　組織の発展や個人の成長を促進する、好ましい外部要因

● T・脅威(Threat)

組織の発展や個人の成長を阻害する、好ましくない外部要因

SWOT分析は、ビジネスのあらゆる問題を検討するとき使用されます。企業全体だけでなく、部門や職場など、いろいろなレベルで作成することができます。ビジネスだけでなく、家庭や個人を分析するのにも有用です。

梅沢さんは、市役所の土木課で課長をしています。次年度の職場の計画を作成するに当たり、土木課の現状を調査し、図表3-1のようにSWOT分析で整理しました。

図表3-1　SWOT分析

強み(Strength)	弱み(Weakness)
・ベテランを中心に業務知識が高い ・市民からの信頼 ・県や業者との強固なネットワーク	・IT化の遅れ ・過剰な業務品質、高コスト体質 ・職場内のコミュニケーション不足
機会(Opportunity)	脅威(Threat)
・震災対応などより安全な土木へのニーズ ・ITを駆使した高度な土木へのニーズ ・他の自治体からの支援要請	・税収減少→予算削減 ・公務員改革、行政改革 ・地域の人口減少

◆ SWOT分析の留意点

　SWOT分析は状況分析の定番ですが、必ずしもうまくいくわけではありません。SWOT分析をより効果的なものにするには、以下の4点に留意すると良いでしょう。

① 網羅的に分析する
　まず、できるだけ多角的な視点から網羅的に分析することです。幅広く分析することを意識していても、自分の家庭、自社の業界や自分の担当業務に捉われて、偏った視点で分析に終始してしまいがちです。顧客・社会・株主など、立場を変えて分析すると良いでしょう。また、現状だけでなく、未来志向で将来の状況を分析することを心がけます。
② 複眼的に見る
　強みと弱み、機会と脅威は表裏一体のことがよくありますから、できるだけ複眼的に見るよう心がけます。たとえば、組織をグイグイと引っ張る経営者について、「強力なリーダーシップ」という強みと考えることも「ワンマン経営」という弱みと見ることもできます。物ごとには両面があることを常に意識すると良いでしょう。
③ 強みと機会に注目する
　SWOTの中でも、意識的に強み（S）と機会（O）に注目するようにします。こういう分析では、どうしても組織や自分自身の悪いところ、好ましくない状況に目が行きがちです。弱み（W）と脅威（T）ばかりが出てきて、強みと機会を見逃しがちです。

しかし、組織や個人が発展・成長するには、「強みを生かす」ことと「機会を捉える」ことが重要です。強みと機会の分析が足りないようでしたら、改めてやり直すようにします。

④　**手の打ちどころまで考える**

　さらに発展的なレベルとしては、SWOTの項目を羅列するだけでなく、そこから「何をすべきか？」を考えると良いでしょう。

　クロス分析によって、SWOTに基づく手の打ち所は、次の4つに分類できます。

- 強みを生かして機会を捉える（S×O）
- 強みを生かして脅威に対処する（S×T）
- 弱みを克服して機会を捉える（W×O）
- 弱みを克服して脅威に対処する（W×T）

第4節　深く分析する

◆ 深い情報を集める

　状況分析の2つ目のポイントは、問題の把握に繋がる深い情報を収集することです。

　幅広く情報を集めることは大切ですが、インターネットなどで表面的な情報をたくさん集めても、問題を把握するのにあまり役立ちません。状況の特徴を明確に捉えた、具体性のある情報、本質を突いた深い情報を収集する必要があります。

　内藤さんは、旅行代理店のグローリー・トラベルで事業企画を担当しています。旅行業界では、結婚しない女性、いわゆる"お独り様"の市場がこのところ急拡大していますが、グローリー・トラベルでは、この顧客層の売上高が伸び悩んでいます。

　内藤さんはインターネットや調査会社のレポートからお独り様市場の規模・成長率・売れ筋商品などを調べ、報告書にまとめて経営陣に提出しました。しかし、経営陣からは、「そんな浅い情報では意味がない」と酷評されてしまいました。

　そこで内藤さんは、再度調査を行うことにしました。最近旅行に行った30人のお独り様にインタビューを実施しました。旅行で感激したこと、不満に感じたことなどを聞き取り、分析結果をまとめて、再度経営陣に報告しました。今度は、経営陣にも納得してもらえました。

◆ 1次データと2次データ

　状況分析で活用する情報は、**1次データ**（プライマリーデータ Primary Data）と**2次データ**（セカンダリーデータ Secondary Data）に大別することができます。
　2次データとは、公表されているような統計資料や出版物、インターネットなどから入手可能な公開情報のことで、デスクリサーチとも呼ばれます。
　一方、1次データとは、アンケート調査やインタビュー調査など、仮説検証のために自らの手で収集する情報のことで、フィールドリサーチとも呼ばれます。

図表3-2　1次データと2次データ

```
                    ┌ 調査……アンケート、インタビューなど
         ┌ 1次データ ┼ 観察
         │           └ 実験
データ ──┤
         │           ┌ 内部情報……中期計画、財務諸表、営業・
         │           │             生産データなど
         └ 2次データ ┤
                     └ 外部情報……官公庁統計、業界団体統計、
                                   書籍など
```

　状況分析の手始めに、インターネットなどを使って2次データを収集し、状況を大局的に把握することは大切です。ただ、2次データを集めて満足することなく、1次データでより深い情報を収集するようにします。

◆ 仮説思考の情報収集

　深い情報を収集するために大切なのは、仮説思考を心がけることです。まだ正否が証明されていない暫定的なアイデアのことを仮説と言います。とくに1次データは、事前に仮説を立てて、仮説に基づいて収集するようにします。

　私たちは、できるだけたくさんの情報を入手したいので、つい漫然と手当たり次第に情報収集しがちです。インターネットで当たりを付ける段階ではそれでも結構ですが、同じように調査・観察・実験を実施すると、多大な時間・費用・労力がかかってしまいます。

　しかも、手当たり次第に集めた情報では、なかなか深い情報が得られません。問題の発見に繋がる深い情報は、事前に仮説を作って、仮説の正否を中心に情報収集することによって得られるのです。

　居酒屋の店長をしている谷口さんは、何とか高齢者のお客さんを増やせないかと思案しています。団塊の世代が大量に定年退職し、居酒屋に高齢者のお客さんが増えても良さそうですが、実際には、退職してしばらくすると、居酒屋から足が遠のいてしまう傾向があります。

　そこで谷口さんは、漫然と市場を調査するのではなく、次の3つの仮説を立てました。

① 最近の高齢者は、実はお酒の場が嫌いで、サラリーマン生活から解放されて喜んでいるのでは？
② 脂っこい居酒屋メニューが高齢者に支持されていないので

は？
③　高齢者は就寝時間が早いので、夕方に外出したくないのでは？

　この3つの仮説が正しいかどうかを明らかにするために、谷口さんはご近所の高齢者50名に簡単なアンケート調査を実施しました。その結果、③が正しいことがわかりました。
　早速谷口さんは、高齢者を狙った「昼どき宴会コース」を導入して、高齢者の日中のお客を増やすことに成功しました。

第5節　トレンドを見る

◆トレンドを分析する

　状況分析の3つ目のポイントは、過去と将来を含めて大局的にトレンド（趨勢）を分析することです。

　状況分析と言うと、どうしてもすでに発生し、現時点で存在している現象、つまり現状だけに目が行きがちです。過ぎてしまった昔のことやまだ起きていない未来のことには、なかなか思いが至りません。

　しかし、現状をより深く理解するには、過去からどのように状況が変化してきたのか知る必要があります。また、状況が将来どのように変化していくのかがわかると、将来発生する問題や創る問題を把握しやすくなります。

　会社員の多賀さんと元川さんは、現在年収が600万円で同額です。38歳の元川さんは入社以来年々年収が増えており、今後もこの傾向が続くと期待されています。58歳の多賀さんは、5年前をピークに年収が減少傾向で、60歳以降はさらに大幅な減俸になると予想されます。

　現在は同じ額の年収でも、それぞれの受け止め方はずいぶん違うことでしょう。元川さんは年収についてほとんど何も考えませんが、多賀さんは大いに問題だと深刻に考えています。

　現状だけでなく、過去や未来も含めてトレンドを分析すると、いろいろな問題が見えてくるのです。

◆ グラフを使った趨勢分析

私たちは、よく先輩や上司から「大局的にトレンドを見るように」とアドバイスを受けます。しかし、目の前にない過去や未来のことを概念的に捉えるのは、なかなか難しいのが現実です。

そこで、統計データを取ってそれをグラフ化して趨勢分析すると、トレンドを捉えやすくなるでしょう。

住宅メーカーのサニー・ホームは、積極的な事業展開で業績を伸ばしています。図表 3-3 は、同社の過去 6 年間の売上高と営業利益の推移です。

図表 3-3　趨勢分析①

(単位:百万円)

(年度)	2008	2009	2010	2011	2012	2013
売上高	1,436	1,550	1,804	2,242	2,421	2,507
営業利益	532	556	630	731	762	778

この数字だけだと、サニー・ホームの売上高・営業利益はともに増加している状態、いわゆる増収増益で、何も問題がないように見えるかもしれません。

しかし、2008 年を基準年＝100 としてグラフにすると(図表 3-4)、売上高と比べて営業利益の伸びが少なく、営業利益率が低下していることや 2012 年以降、売上高・営業利益の伸び率が鈍化していることがわかります。

以上から、仮説のレベルですが、サニー・ホームは薄利多

売・採算軽視で売上を伸ばす拡張路線を採っているのではないか、という問題点が見えてきます。

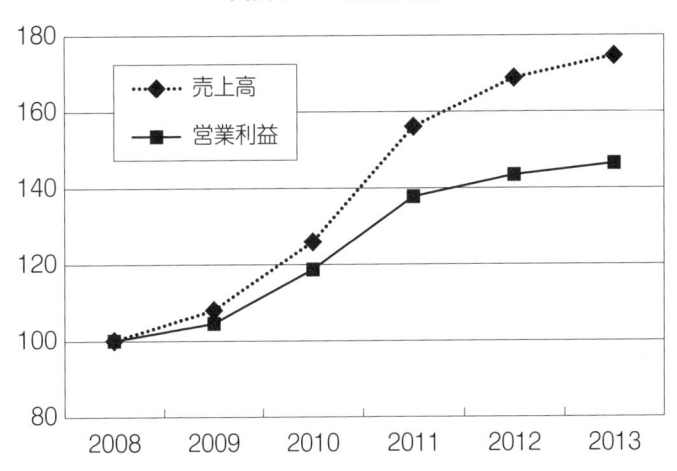

図表 3-4　趨勢分析②

◆ 将来のトレンドは予測できない

　過去から現在に至るトレンドは、データを取ってグラフ化して趨勢分析をすることによって、かなり正確に把握することができます。それに対し、データが存在しない事がらについて将来のトレンドを予測するのは、容易ではありません。ただ、将来発生する問題を把握するためには、トレンドを予測することが欠かせません。
　将来を予測するには、過去から現在に至るトレンドを将来に引き延ばし、その予測が将来起こる環境変化の影響を受けてどう変化するのかを見積もります。

たとえば、タバコ市場の将来を予測するなら、まず過去のタバコ消費量の推移を調べて、そのトレンドを引き延ばし、人口増加率、禁煙運動、タバコ税の動向を予測して、トレンドを修正して見積もります。

　ただ、現実には、将来起こる環境変化を正確に把握することはできません。禁煙運動がどれくらい盛り上がるか、新たな健康増進のための立法が行われるのか、タバコ税がどこまで増税されるのか、など誰にもわかりません。したがって、繰り返しますが、将来を予測するのは困難なのです。

◆ 成長・発展のパターンを知る

　では、将来のトレンドを予測することは不可能でしょうか。まったく意味のない作業でしょうか。そうとは限りません。

　将来のトレンドをすべて正確に予測することは不可能ですが、国家なら人口動態、個人なら会社を定年になる時期や子供が学校に入学する時期のように、かなり正確に見通せることはたくさんあります。

　また、国家、企業、個人は、まったくランダムに変化するのではなく、一定のパターンを描いて、成長・発展することが知られています。

　経済学者のロストウは、産業革命を「離陸」として、その前後の国家の発展段階について、以下のようなモデルを示しました。

① 　伝統社会

② 離陸の準備段階
③ 離陸
④ 成熟への前進段階
⑤ 大量消費社会

　また、経済学者のクローサーは、国際収支の変化に着目し、以下のような国家の発展段階を提示しています。

① 未成熟の債務国
② 成熟した債務国
③ 債務返済国
④ 未成熟な債権国
⑤ 成熟した債権国
⑥ 債権取崩し国

　マクロ経済における問題の多くは、こうした発展段階に即して発生すると言われています。他にも、リスト、ビュッヒャー、マルクスらの発展段階説が有名です。こうしたパターンを知ると、日本のような先進国で、中国のような新興国でどういう問題があるのか大きく掴むことができます。

◆ ライフサイクル仮説

　人の一生について、エリクソンは、8段階で心理面での発達課題が移り変わる**ライフサイクル仮説**を示しました。

① 乳児期
② 幼児期前期
③ 幼児期後期
④ 学童期
⑤ 思春期
⑥ 成人期初期
⑦ 成人期後期
⑧ 老年期

図表 3-5　ライフサイクル仮説

発達段階	年齢	発達課題	失敗した場合	獲得する特性
1　乳児期	0~1歳	基本的信頼	不信	希望
2　幼児期前期	1~2歳	自立	疑惑・恥	意志力
3　幼児期後期	2~6歳	自発性	罪悪感	目的
4　学童期	6~13歳	勤勉性	劣等感	有能感
5　思春期	13~21歳	自我同一性	自我同一性拡散	忠誠心
6　成人期初期	21~35歳	親密性	孤独	愛
7　成人期後期	35~65歳	生殖性	停滞	世話
8　老年期	65歳以上	統合	絶望	英知

第3章　生活・仕事を分析する

　これらのパターンを知り、国家や個人がどの段階にあるのかを知ると、現在・将来のいろいろな問題を把握することができます。

◆ 製品ライフサイクルの分析

　こうした成長・発展のパターンのうち、ビジネスのトレンドを分析する上で有用な**製品ライフサイクル**（Product Life Cycle、PLC）について、少し詳しく紹介しましょう。

　製品は市場において永遠に支持され、存続するわけではありません。人間と同じように、導入期、成長期、成熟期、衰退期というサイクルをたどります（図表3-6）。このことを製品ライフサイクルと呼びます。

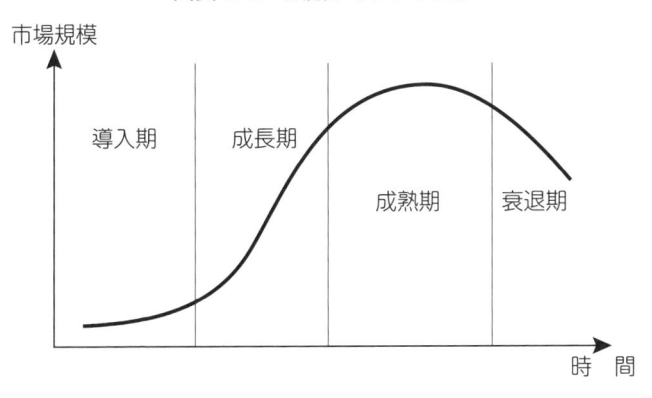

図表3-6　製品ライフサイクル

市場規模

導入期　成長期　成熟期　衰退期

時　間

　4つの段階の特徴と企業の対応は以下の通りです。

① 導入期

　新しい製品が市場に導入され、企業が市場開拓を行う段階。商品の地位を確立するため、プロモーションや製品の改良を進める必要があります。導入期では、初期コストが掛かる一方、売上高はまだ少ないので、利益・キャッシュフローは少額あるいはマイナスになります。

② 成長期

　製品の存在・効用が広く市場で認知され、需要が拡大する段階。企業は、顧客層の拡大や使用量を増加させるために、市場での認知を高めるプロモーションが必要になります。販売数量増加によって単位当たりコストが低下し、利益が出るようになりますが、市場拡大に対応した拡張投資のための支出などが大きく、キャッシュフローは低水準にとどまります。

③ 成熟期

　市場規模は最大になるものの、製品への需要が飽和し、成長が止まる段階。競争が激しくなるため、製品の見直しなど差別化やコスト削減の取り組みが必要になります。また、代替需要への切り替えを阻止するなど、衰退期への移行を遅らせる延命策も欠かせません。成熟期には、企業の売上高の伸びは止まりますが、大きな拡張投資などが必要ないため、利益・キャッシュフローは最も高水準になります。

④ 衰退期

　その製品の陳腐化や代替品の登場などによって、需要が縮小する段階。延命策の他に、合理化やコスト削減による利益確保が重要になります。また、市場が完全に消滅する前に撤退することも考慮します。この段階では、売上高・利益ともに減少し、

最終的には赤字に転落します。ただし、撤退する競合企業が増えれば競争が緩和され、残存者利益を享受できる場合もあります。

　ビジネスの問題は、PLCに従って発生することが多いので、自社の製品がPLCのどの段階にあるのかを確認すると良いでしょう。
　なお、PLCは必ずしも図表3-6のような放物線を描くわけではないことには注意が必要です。

第6節　本質を知る

◆ 情報の本質を掴む

状況分析の4つ目のポイントは、情報の本質・意味合いを明らかにすることです。

IT技術の発達・普及によって、世界中の情報を瞬時に収集できるようになりました。一昔前までは、情報が足りなくて問題解決が前に進まないということがよくありました。しかし、最近は逆に、多種多様な情報が集まり過ぎる"情報洪水"というべき状況になっています。

たくさんの情報が集まっても、実際に問題解決に役立つ情報は、ごく一握りということが珍しくありません。どの情報を使って問題解決をすれば良いのか、かえって分析・判断が難しくなっています。

問題解決では、情報をたくさん集めることよりも、玉石混交の情報の中から、本質的に重要な情報と重要でない情報を識別することが大切です。

◆ 情報の意味合いを吟味する

また、いろいろな情報が錯綜し、相反する結論を導きかねないケースも増えています。情報を集めて終わりでなく、何が真実を言い当てているのかを吟味することや情報の意味合いを掴むことが重要になっています。

近年、格差社会がよく話題になります。「小泉・竹中改革が日本を格差社会にした！」「非正規労働者が増えて、所得格差が広

第3章 生活・仕事を分析する

がった」などと言われますが、実際はどうなのでしょうか。

　世帯ごとの所得格差を計測する指標として、ジニ係数があります。ジニ係数は0～1の値を取り、数字が大きいほど格差が大きいことを意味します（0は全世帯の所得が完全に平等な状態）。図表3-7は、厚生労働省の調査をグラフ化したものです。

　ここではたと困るのは、「当初所得」と「再分配所得」という2種類のジニ係数があり、2つで傾向がずいぶん異なることです。つまり、「当初所得」のジニ係数は1980年代から一貫して上昇していますが、「再分配所得」のジニ係数は過去ずっと0.35程度で安定し、上昇傾向は確認できません。「当初所得」に着目すると格差がどんどん広がっているが、「再分配所得」では格差は広がっていないという、相反する結論になります。

図表3-7　ジニ係数の推移

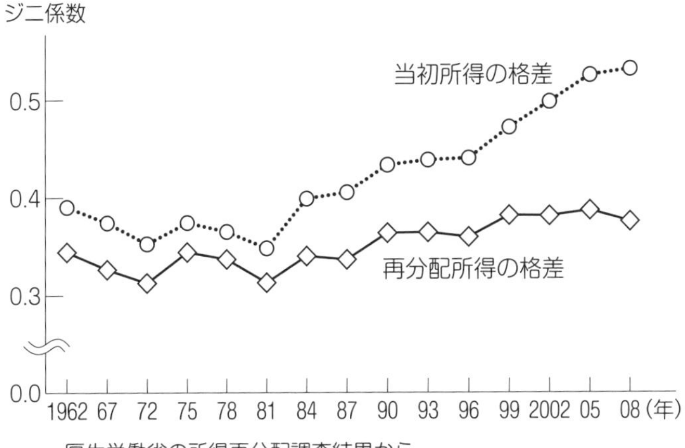

厚生労働省の所得再分配調査結果から
※再分配所得は、当初所得から税金、社会保険料を引き、社会保障給付を足したもの

では、どちらの数字が実態を表しているでしょうか。

「当初所得」とは、税金や社会保険料を差し引く前の表面的な総額所得、「再分配所得」とは、「当初所得」から税金や社会保険料を差し引き、社会保障給付を加えた後の実質的な手取り所得です。一般に、表面的な総額所得よりも、実際自由に使える手取り所得の方が大切ですから、「再分配所得」のジニ係数の方がより大きな意味があります。

つまり、税制や社会保障制度が発達した日本では、所得再分配によって実質的な所得格差は小さくなっており、「所得格差が広がった」という世論はかなり誇張されている、という結論になります（以上は世の中の全体的な傾向で、若年層・高齢者といった特定の層の事情までは勘案していません）。

このように、情報の中身をしっかり吟味し、意味合いを探ると、問題の本質が見えてきます。

【第3章のまとめ】

- 問題は、明確に認識できた場合、初めて解決に結び付けることができます。
- 見える問題については、まず問題の内容について分析します。直接の問題だけでなく、幅広く職場や家庭の状況を分析します。職場の状況を幅広く分析するには、SWOT分析を行います。
- 問題の把握に繋がる深い情報を集めるようにします。インターネットのような2次情報だけでなく、1次情報も収集します。1次情報の収集では、事前に仮説を作るようにします。
- トレンドを分析します。過去・現在だけでなく、PLCのようなパターンも考慮し、将来の動向も検討します。
- 玉石混交の情報の中から問題につながる本質的な情報を掴むようにします。

【学習課題】・・

1. 過去に直面した問題を取り上げて、発生状況を分析してください。
2. 問題に直面して、問題の発生状況だけでなく、家庭や職場の状況まで幅広く分析したでしょうか。
3. 職場の状況を SWOT 分析してください。
4. 状況分析では、インターネットで検索するだけでなく、1次情報を収集するなど、深い情報を収集することを心がけているでしょうか。
5. 家庭・職場・自分自身について、過去や将来のトレンドを分析する習慣があるでしょうか。
6. マスコミ報道などを見聞きして、情報の本質を考えるようにしていますか。

第4章
問題を認識する

あるべき姿を描いて、状況とのギャップから問題を認識します。さらに、たくさんの問題の中から重要性などを勘案して少数の課題を形成します。この章では、あるべき姿を描いて問題を認識し、さらに課題を形成する手続きを検討します。

第1節 あるべき姿が問題認識を左右する

　状況分析につづいて、あるべき姿を明確にし、問題を認識します。この章では、あるべき姿をどのように描くのか、そこからどう問題を認識するのか、ということを検討していきます。

　第3章で検討した状況分析は、誰が分析してもかなり似通った分析結果になります。もちろん、どのような分析手法を使うか、情報をどう分析・解釈するかによって、人によって違いが出てきます。あるいは、同じ人が分析しても、分析のタイミングによって違った結果になることがあります。ただ、売上高が減っているのに、増加していると判断することはないわけで、大局的にはだいたい同じ結論に到達します。

　それに対し、あるべき姿というのは、関係者の間でなかなか意見が一致しません。まさに人それぞれと言って良いでしょう。

　平田さんの家庭で、居間の温度をどうするかが問題になっています。8月の上旬で、外の温度は35度近い猛暑ですが、エアコンを使っている室内の温度計は26度を指しています。ここで、エアコンを何度に設定するべきかについて、家族でいろいろな意見が出てきました。

長男「20度くらいに涼しくしてくれないと、暑すぎて、集中して勉強できないよ。」
父親「これくらい暑くないと、せっかくのビールがまずい。もう少し暑くてもいいなぁ。」
母親「電気代がもったいないから、暑くても寒くても、その時

の温度で過ごせばいいのよ。」

　長男にとって26度という室温は大問題ですが、父親・母親にとっては問題ではありません。
　この簡単な例から明らかなように、温度という現状は客観的に把握できますが、あるべき姿というのは人によって大きく異なります。あるべき姿は、価値観・性格・考え方・感情など人それぞれだからです。したがって、あるべき姿をどう描くかによって、問題認識が大きく違ってきます。

第2節 あるべき姿を描く3つのアプローチ

　問題を認識するには、あるべき姿を描く必要があります。あるべき姿を描くには、いくつかのアプローチがあります。代表的な3つのアプローチを紹介しましょう。

◆ 過去の経験・実績から考える

　最初に紹介するのは、過去の経験・実績を基準に考えるやり方です。過去の経験・実績を思い出し、その状態に回帰することをあるべき姿とします。

　佐藤さんは、3年前まで風邪すらひかない健康体でした。ところが、3年前から単身赴任で、食生活が乱れています。最近受診した健康診断で肝機能障害が見つかり、飲酒を控えるように医者から忠告されました。佐藤さんは、今までのように健康でおいしくお酒が飲める生活を取り戻したいと願っています。

　このように、すでに発生した問題に対しては、過去の経験・実績からあるべき姿を想定することがよく行われます。

　ビジネスでは、よくデータを取って統計的に標準を設定します。工場で不良品を減らしたい場合、不良品の発生数のデータを取って、不良品の発生が一定の標準偏差に収まるように目標を設定します。これも、過去の経験・実績から考えるアプローチの範疇と言えます。

　いろいろなアプローチの中で、過去の経験・実績から考えるのは最も一般的です。過去の状態を実際に経験していますから目標を考えつきやすいこと、達成状態を具体的にイメージしや

すいこと、現実的な目標を設定できること、などがこのアプローチのメリットです。

◆ ベンチマーキングする

2つ目のアプローチは、**ベンチマーキング**（benchmarking）です。ビジネスでは、自社の製品・サービス、事業プロセス、業績などを競合他社や優良企業と比較することをよく行います。こうした他社比較をベンチマーキングと言います。あるべき姿をベンチマーキングで描くことがよくあります。

ベンチマーキングは、ビジネスのいろいろな場面で使えます。中でも、同業他社の損益計算書・貸借対照表を自社のものと比較分析し、収益性・成長性・安全性などの目標を設定することは、多くの企業で一般的に行われています。

ビジネスだけではありません。日本では、ブータンに倣って国民の幸福度を高めよう、シンガポールに倣って航空インフラを整備しよう、オランダに倣って男女共同参画社会を実現しようという議論が起こっているように、国家や自治体のレベルでもベンチマーキングが盛んに行われています。

個人でも、それほど厳密なものではありませんが、営業担当者が、できる先輩社員の営業方法を見習ったりするように、ベンチマーキングは幅広く使われています。

ベンチマーキングのメリットは、幅広い事がらに関して目標を設定できること、客観的な情報によって明確な目標を立てやすいこと、そのため目標の納得感・説得力が高いことです。

◆ 過去の経験・実績とベンチマーキングの問題点

　過去の経験・実績やベンチマーキングによってあるべき姿を描くというのは非常に便利なアプローチで、問題解決では広く行われています。ただし、デメリットもあります。

　1つは、これから発生する問題や創る問題に対処しにくいこと、もう1つは、導き出されたあるべき姿を我がこととして納得できるかどうか疑わしいことです。

　現在45歳の会社員菊森さんは、マネー・セミナーに参加したのをきっかけに、65歳の定年の時点でどれだけ老後資金を貯蓄するべきかを考えるようになりました。

　当然、菊森さんにとって定年は20年先の未来の話ですから、自分自身の過去の経験・実績からあるべき貯蓄額を考えることはできません。

　親族・友人などに話を聞いたり、マネー雑誌などを調査したりすれば、ベンチマーキングによって「平均的にだいたい3000万円くらい必要かな」と、あるべき貯蓄額を見積もることは可能です。

　ただ、自分と他人では、家族構成・収入・資産状態・ライフスタイル・健康状態など大きく違います。他人の状況や統計的な平均値は、参考にはなっても、自分自身のあるべき姿としては納得しにくいことでしょう。あくまで「他人は他人」なのです。

　この状況で、過去の経験・実績やベンチマーキングでは、あるべき貯蓄額を決めることはできません。それよりも大切なのは、菊森さんが定年後どういう生活をしたいのか、という自分

なりの意思ではないでしょうか。
　たとえば、以下のような事がらについて自問自答します。

　「東京に住み続けますか、地方に転居し、のんびりした生活がしたいですか？」
　「定年後、短時間でも働き続けたいですか、完全にリタイアしたいですか？」
　「夫婦２人で暮らしますか、子供たちと一緒に暮らしますか？」
　「旅行などをし、贅沢な生活をしたいですか、慎ましい生活で我慢しますか？」

　これらの点について、菊森さん自身が「こうしたい！」と決めて、生活費・給与・年金など収入・支出の要素を見積もれば、あるべき貯蓄額を計算できるはずです。
　つまり、過去の経験・実績、ベンチマーキングというアプローチの他に、「自分のやりたいことをゼロベースで考える」という第３のアプローチもあるということです。

◆ ゼロベースで考える

　あるべき姿を描くには、①過去の経験・実績から考える、②ベンチマーキングをする、③ゼロベースでやりたいことを考える、という３つのアプローチがあります。
　どのアプローチが適切かは、問題によって、あるいは人によってケースバイケースです。

過去から繰り返し発生している日常的な問題については、過去の経験・実績から考えることが多いでしょう。石油業界・自動車業界といったしっかり確立された業界の中でオペレーションを改善するような場合、ベンチマーキングがよく利用されます。

　また、現状維持的な性格の人は、過去の経験・実績から考えることが多いでしょう。

　ただ、飛躍的に発展する企業、偉大な業績を残した人は、過去の経験・実績やベンチマーキングよりも、ゼロベースであるべき姿や目標を考えています。

　ファーストリテイリングの柳井正社長は、まだ中国地方の洋服店だった頃から、日本の流通構造を改革し、グローバル企業になることを目指しました。

　日本のアパレル業界は、流通の各段階がたくさんの企業によって分担されており、情報伝達や在庫管理が合理化されていません。また、小売店舗で売れ残りが発生してもメーカーへ自由に返品ができるという特異な慣習があります。各段階の中間マージンを上乗せすること、小売店の売れ残り・返品のリスクを卸売価格に上乗せすることから、小売段階での商品価格は高くなりがちです。

　ファーストリテイリングは、企画・製造から小売りまですべてをコントロールするSPA（Speciality store retailer of Private label Apparel、製造小売り）として、中間流通を排除し、良質なカジュアルウェアを安価で提供する仕組みを整えました。また、近年はアジアを中心にグローバル展開を加速させています。

もしも柳井社長が、同業他社の動向や先代社長（父親）の実績などを参考に「中国地方で一番のアパレル・チェーンになる」という現実的な目標をあるべき姿に掲げていたら、今日のファーストリテイリングがあったでしょうか。流通構造の改革とグローバル企業という大きな目標をゼロベースで設定したから、短期間で飛躍的に発展することができたのです。

　ゼロベースとは、経験・実績・他者・他社といった基準がないわけですから、なかなか考えにくいのが現実です。しかし、それを考え抜くところに、組織の飛躍・発展、個人の成長のチャンスがあるのです。

第3節　問題を認識する

◆ 幅広く問題を認識する

　状況分析ができ、あるべき姿を確認したら、そのギャップを問題として認識します。

　緒方さんの父親が4か月前に亡くなりました。父親が残した遺産を巡って、緒方さんは3歳年上の兄と争っています。緒方さんと兄はそれまで仲良くしていましたが、父親の死後、関係はすっかり冷え切っています。ここで緒方さんが、兄弟仲良く、力を合わせて暮らしていた過去の状態に戻りたいと考えたら、彼にとって「兄弟が争っている」ことが問題となります。

　地方銀行の嶺南銀行は、強固な顧客基盤を持ち、堅実経営を誇ってきました。ところが、近年、融資先企業がどんどん海外進出し、融資残高が減少傾向にあります。嶺南銀行は、海外でのサポート体制が未整備で、融資先企業の海外展開を支援できていないためです。ここで、嶺南銀行の経営陣が取引先の海外事業を資金面からサポートするようになりたいと考えたら、嶺南銀行にとって、「海外でのサポート体制が整っていない」ことが問題になります。

　問題を認識する上で大切なのは、考えうる問題をできるだけ幅広く抽出することです。繰り返しますが、「これは問題だ！」と認識できた問題しか、基本的には解決できません。問題解決のプロセスを終えた後になって、もっと別の重要な問題があったことが判明し、後悔するようではいけません。

　実際に解決に向けて取り組むかどうかは別にして、まずはい

ろいろな問題をできるだけ幅広く抽出するようにします。そして、後ほど述べるように、問題の中から少数の課題を形成するという2段階の手続きを踏みます。

◆ 直感的に問題を認識する

問題は現状とあるべき姿のギャップですから、ここまで解説したように、状況分析とあるべき姿を確認するのが、問題認識の常識的なアプローチです。

ただ、いつもこのアプローチで問題を認識するわけではありません。現実には、そこまで丁寧な分析作業をせず、直感的・条件反射的に問題を認識することが多いでのではないでしょうか。

銀行のベテラン融資担当者は、新規融資先のオフィスを訪問すると、瞬間的にその会社の問題点がわかるそうです。社長の説明や財務諸表といった公式の情報よりも、社員のあいさつ、整理・整頓・清掃、雑談の様子といったちょっとした兆候から、問題を嗅ぎ付けることができます。

私たちも、ベテラン融資担当者ほどではないにせよ、初めて会った人や初めて訪問した会社の問題点がピンと来るという経験があろうかと思います。もちろん、直感が当たる場合も大外れということもあります。

当たりを多くし、問題点を直感的にしかも正確に認識できるようになるには、経験を積んでセンスを磨く必要があります。経験を積む上での留意点は、第8章で詳述します。

◆ 「不」から考える

　直感的な問題認識と似たやり方に、「不」から考えるというアプローチがあります。

　「不」から考えるとは、不良・不信・不満・不快といった「不」の付く単語に着目し、直感的に問題を認識するアプローチです。

　私たちは、ビジネスでも家庭でも、図表4-1のように、「不」を感じる場面がたくさんあります。ほとんどは「隣に住むオジサンは、あいさつしても無視する不愉快な男だ」という程度の話ですが、「不」の発見が大きな飛躍のきっかけになることがよくあります。

　ファーストリテイリングが日本では成功例がなかったSPAを導入したきっかけは、日本ではカジュアルウェアの値段が高いという消費者の潜在的な「不満」に着目したことです。

　「熱さまシート」や「のどぬ〜る」などユニークな商品で成長する小林製薬は、「"あったらいいな"をカタチにする」をスローガンに掲げ、全社一丸で生活者の「不足」「不快」を発掘するよう努めています。

　飛躍のきっかけとなる「不」に探し求める習慣を持つようにします。図表4-1をチェックリストとして、家庭や職場を点検すると効果的でしょう。

第4章 問題を認識する ■

図表4-1 「不」から考える

「不」	【問題の例】
不良	車がよく故障する。整備不良に違いない。
不信	福島さんは発言がころころ変わるので、不信を抱く。
不満	あのレストランは値段の割に味が悪く、不満だ。
不便	新しいオフィスは、駅から遠くて通勤に不便だ。
不安	将来リストラされるのではないかと不安だ。
不快	あのパチンコ屋は換気が悪く、タバコの臭いが不快だ。
不足	わがチームの新人は、ヤル気はあるが基礎学力が不足している。
不正	わが社では、不正経理の可能性を指摘されている。
不利	来週のゴルフ・コンペはハンディが厳しく、不利だ。
不潔	あのサウナは不潔だ。しっかり掃除をしているのかな。
不審	近所に最近不審者がよく出没する。
不振	最近、客足が鈍く、業績不振だ。
不興	先輩の転勤の送別会を実施したが、実施時期が悪く不興だった。
不明	伊勢谷さんとは学生時代は仲が良かったが、最近は消息不明だ。

◆ 問題意識と思考の三原則

　ところで、皆さんは職場で口の悪い上司から「君は問題意識が低い！」と言われた経験があるかもしれません。
　「問題意識が低い」とは、どういう状態でしょうか。

問題は現状とあるべき姿のギャップですから、状況分析やあるべき姿の把握（あるいはその両方）がうまくいかず、重要な問題を認識できない状態のことを意味します。

　問題意識を高めるには、ここまで解説してきた状況分析とあるべき姿の確認をしっかりやるという以外に、秘策はありません。ただ、陽明学者の安岡正篤が唱えた「**思考の三原則**」は、問題を考える上で大いに参考になります。

一．目先にとらわれないで、できるだけ長い目で観察する。
二．一面にとらわれないで、できるだけ多面的、できるならば全面的にも考察する。
三．枝葉末節にとらわれないで、できるだけ根本的に観察する。

　１つ目の「長い目」。私たちは、どうしても目先のことにとらわれがちです。少し遠い過去、少し遠い将来のことを考え、それと照らして現状を見るようにします。

　道路工事会社・真田舗道の建設現場では、現在は低賃金の若い期間労働者を活用できており、人に関する問題はありません。しかし、日本では少子高齢化が進み、近い将来、若い働き手が不足する事態が懸念され、真田舗道の幹部は憂慮しています。

　２つ目の「多面的・全面的」。私たちは、どうしても特定の立場にとらわれて、狭い視点からしか物ごとを考えることができません。他人、顧客、株主、社会など立場を変えて、いろいろな視点から考えるようにします。

　繊維商社で営業をしている河本さんは、営業成績が良く、上司からは高く評価されています。しかし、取引先からは、「自社

の都合だけを優先させる、融通の利かない営業マン」という厳しい評価を受けています。

　３つ目の「根本的」。IT化の影響もあって、巷には情報が溢れ、問題の焦点を掴みにくくなっています。枝葉末節の情報にとらわれず、本質を掴むように心がけます。

　鉄鋼メーカーで経理課長をしている梅田さんは、仕事の効率が悪く、部下の面倒見も良くありません。梅田さんに対し課内では非難轟々ですが、より本質的な問題は、梅田さんのような人物が高く評価され、管理職を任されている社内人事評価システムにありそうです。

　世間ではいろいろな思考法が提唱されていますが、たいていはこの三原則に通じます。状況分析をするとき、あるべき姿を考えるとき、思考の三原則を意識すると良いでしょう。

第4節　課題を形成する

◆ ほとんどの問題は放置される

　いろいろな問題を把握できたとしても、すべての問題について解決に向けて取り組むわけではありません。たくさんの問題のうち、解決に向けて取り組むのはほんの一握りで、ほとんどの問題は、問題として認識しておしまいで、問題のまま放置されます。

　問題が放置される1つの理由は、ほとんどの問題は解決することができないからです。

　地球温暖化は人類にとって重大な問題ですが、個人の力では解決することはできません。生活の中でCO_2の排出を減らすように対応をするくらいがせいぜいで、問題そのものは解決されずに放置されつづけます。

　地球温暖化や北朝鮮の核開発問題のような大きな問題だけではありません。自分のプライベートに干渉してくる口うるさい父親のことを問題だと思っても、今さら父親の性格・行動を変えられないので、「しょうがないなぁ」と放置したりします。ビジネスでも、家庭生活でも、解決できない問題というのは実に多いのです。

　もう1つの理由は、組織や個人が活用できるリソースには限りがあるからです。

　問題解決には労力・時間・情報・技術といったリソースが必要です。どんな一流企業でも、どんな偉大な政治家でも、リソースを無尽蔵に使えるわけではありません。たとえ問題を解決で

きるとしても、限りあるリソースを重要な問題に有効活用する方が、組織や個人にとってメリットが大きいはずです。普通、たくさんの問題がある場合、優先順位を付けて重要な問題から取り組みます。結果的に、優先順位の低い問題は放置されるのです。

◆ 問題を放置するのは良いこと

　人によっては、「これは問題だ！」と認識しながら解決されずに放置されるという状態に、フラストレーションを感じるかもしれません。いつまで経っても問題があり、問題と一緒に生活するというのは、気分の良いものではありません。

　しかし、これは発想を変える必要があります。

　認識したすべての問題を解決しようとして、思い通りに解決ができなかったら、どうでしょうか。より大きなフラストレーションや絶望感を覚えることになります。また、貴重なリソースの無駄遣いになって、企業なら他の事業の収益性が低下するなど別の大きな問題を引き起こしかねません。

　それと比べると、問題が放置されているのは、決して悪い状態ではありません。ほとんどの問題が問題のまま放置されるのは、ごく自然なことであり、むしろ望ましい状態といえるかもしれません。

◆ 課題を形成する

　私たちは、たくさんの問題の中から、ごく少数の問題を選んで解決に向けて取り組みます。解決に向けて取り組む問題のこ

とを課題と呼びます。私たちは日常生活ではあまり意識しませんが、問題と課題は異なるのです。

個人でも組織でも、問題の数はたくさんあります。「職場の問題を指摘してください」と言われたら、いろいろな問題が即座に挙がってくるでしょう。しかし、実際に取り組む課題というのは、それほど多くありません。ごく少数の重要な課題を選んで、重点的に対処します。

平居さんは、工作機械メーカーの東洋精機で営業を担当しています。東洋精機では、このところ製品の品質について顧客からのクレームをたくさん受けており、新規受注も減少しています。また、平居さんの職場では、ベテラン社員が退職したこと、業務のIT化が遅れていることから、業務が非効率で、平居さんは残業続きで何とか業務を処理している状況です。

この状況で平居さんは、すべての問題に対処するのではなく、営業担当者として「顧客満足を向上させる」ことと職場のリーダーとして「業務プロセスを見直す」ことの2つを課題として

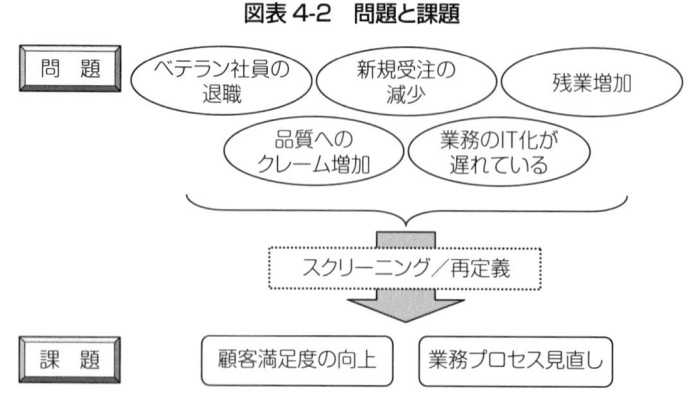

図表 4-2　問題と課題

問　題：ベテラン社員の退職、新規受注の減少、残業増加、品質へのクレーム増加、業務のIT化が遅れている

↓ スクリーニング／再定義 ↓

課　題：顧客満足度の向上、業務プロセス見直し

取り上げ、解決に取り組みました。

　たくさんの問題から課題をスクリーニング（選別）するには、何らかの基準が必要です。大きくは、次の3つの基準を用います。

① **重要性**
　組織・個人にとって、解決することが長期的な発展・成長のために重要な問題でしょうか。
② **緊急性**
　問題の影響が広がり、迅速に対処することが必要な問題でしょうか。
③ **現実性（リソースの制約、リスクなど）**
　利用できるリソースで問題を解決できますか。解決するには、どのようなリスクや副作用がありますか。

◆ 重要性を優先する

　これらのうちどの基準を優先するかは、問題の内容や問題に直面した組織・個人の状況や目標などによって、大きく異なってきます。

　私たちは中学生・高校生の頃、先生から「テストでは、できる問題から順番に取り組め」と教えられました。その習性からというわけではありませんが、どうしても「明日までにクレームを処理しなければならない」などと、②の緊急性を重視しがちです。あるいは「そんなのできっこないよ」と、③の現実性に目が行きがちです。

しかし、そうしているうちに、緊急ではないものの長期的に見て重要な問題にいつまで経っても取り組まず、先送りにしてしまいます。簡単に対処できる問題に手を付けてお茶を濁すだけで、いつまで経っても難問は難問のまま存在し続けます。目前に迫ってくる問題にバタバタと対処しているだけで、いつまで経っても組織や自分自身は発展・成長していない、ということになります。"良い問題"を捉えるには、意識的に①の重要性を優先するべきでしょう。

　重要性と緊急性の2つの軸で問題に対処する順序を考えると、Aが最も優先順位が高く、Dが最低であることは異論ないでしょう。問題は、BとCでどちらを優先するかです。

図表 4-3　重要性と緊急性

		重要性	
		高い	低い
緊急性	高い	A	B
	低い	C	D

　一般に、Bを優先することが多いでしょうが、重要性を優先すべきという考え方からすると、Cを優先するよう努めるべきなのです。

第5節　課題形成の留意点

◆ 解決目標を具体化する

　問題から課題を形成するとき、よく、問題点の裏返しで課題を形成することがあります。体重が増えていたら「体重を減らす」、売上高が減っていたら「売上高を増やす」を課題とするやり方です。

　ただ、問題点の裏返しでは課題として不適切なこともあります。これから問題解決を進めていくに当たり、もっと具体的かつ魅力的な解決目標を形成し、課題とすることがあります。

　課題に対して絶対に解決目標が必要というわけではありません。ただ、解決目標があるとないとでは、第6章で検討する実行段階がまったく違ってきます。具体的な解決目標があると、それに向けて集中的に解決に取り組むことができるからです。

　単に「体重を減らす」よりも「半年以内に体重を60キロまで落とし、健康な体になる」の方が、単に「売上高を増やす」よりも「今年度は売上高を5％増やし、地域で最も顧客に支持されるお店になる」の方が、取り組みが加速するのではないでしょうか。

　問題解決に向けて「よしやるぞ！」という気になり、解決に向けて具体的な行動をとりやすくなるのが、良い解決目標です。良い解決目標を立てるためには、次の"SMART"を確認するようにします。

- Specific ─ テーマは具体的でしょうか？
- Measurable ─ 定量的に測定できるでしょうか？
- Achievable ─ 達成可能なものでしょうか？
- Result-based ─ 成果に基づいていますか？
- Time-oriented ─ タイム・フレームは意識されていますか？

◆ 課題を再定義する

　第3章からここまで検討してきたのは、あるテーマについて、現状分析とあるべき姿の確認を通して問題を認識し、課題を形成するというプロセスでした。

　しかし、私たちは、自分で主体的に課題を形成するよりも、他人から課題を与えられることの方が多いと思います。とくにビジネスでは、上司から「来週までにこのレポートを仕上げておいてくれよ」と命じられたり、顧客から「4週間の納期を何とか2週間に短縮してもらえないか」と依頼されたりするように、他人から与えられた課題に取り組むことの方が圧倒的に多いのではないでしょうか。

　命令や依頼に対し、私たちはどうしても受動的に対応しがちです。つまり、命令や依頼を絶対のものと受け入れて、解決策の検討・実行へと進みます。

　ただ、上司からの命令や顧客からの依頼をそのまま実行するのではなく、自分なりの問題意識で課題を"再定義"することが重要です。なぜなら、上司からの命令や顧客からの依頼は、必

ずしも"良い問題"を捉えているとは限らないからです。現実にはむしろ、まったくトンチンカンな問題認識で命令・依頼をしてくることが多々あります。

　上司の場合、現場の細かい状況までしっかり把握しておらず、実態からかけ離れた問題を認識していることがよくあります。時代遅れになった過去の成功体験をベースに問題を捉えているかもしれません。また、現場感覚のある上司が"良い問題"を認識していたとしても、命令の内容や指示の仕方が下手で、現場にうまく伝わっていないということもあります。

　顧客（あるいは提携先など）の場合、狭い範囲の中で経験的に問題を認識していることや重要性よりも緊急性に重点を置いて課題を形成していることがよくあります。自分たちの都合で無理難題を押し付けてくることもあるでしょう。

　他人から命令・依頼を受けたら、すぐに飛びつくのではなく、まず一度立ち止まって「これは本当に取り組むべき問題なのだろうか？」「もっと重要な問題があるのではないか？」と自問したいものです。

　もちろん、上司からの命令あるいは顧客からの依頼をまったく無視せよということではありません。上司や顧客の意図を勘案しながら、新たな情報や自分なりの問題意識を踏まえて、課題を"再定義"した上で問題に取り組むことから、ワンランク上の問題解決が実現するのです。

【第 4 章のまとめ】

- あるべき姿は人によってまちまちで、あるべき姿をどう描くかで、問題認識が決まってきます。
- あるべき姿を描くには、次の 3 つのアプローチがあります。
  ① 過去の経験・実績から考える
  ② ベンチマーキングをする
  ③ ゼロベースでやりたいことを考える
- どのアプローチもよく活用されますが、創る問題や将来の問題を認識するには、③のゼロベースで考えることを重視します。
- 問題はたくさん発見できますが、大半は放置します。問題から、重要性・緊急性・現実性を勘案して、ごく少数の課題を形成し、解決に取り組みます。
- 課題を具体化し、解決目標を設定する場合があります。良い目標を設定するには、SMART を意識します。
- 課題は上司や顧客から命令・依頼されることが多いですが、自分なりの問題意識で課題を再定義するよう心がけます。

第4章 問題を認識する

【学習課題】・・・

1．あなたやあなたの職場の最近の問題解決の事例を取り上げて、3つのアプローチのどれであるべき姿を描いたかを確認してください。
2．問題から課題を形成するとき、重要性を最重要視しているでしょうか。
3．あなたが最近立てた目標を取り上げて、SMARTになっているかどうかを確認してください。
4．上司から仕事を命令されたり、顧客から業務を依頼された場合、課題を再定義することを意識しているでしょうか。

第5章
問題の原因を探る

発生型の問題など、たいていの問題には原因があります。問題という結果と原因の関係を分析し、真因を探る必要があります。この章では、因果関係の成立条件やWhyツリーによる分析の仕方を学びます。

第1節　原因がわかればたいていの問題は解決できる

◆ 原因がある問題、ない問題

　第4章までで、取り組むべき問題（課題）を認識できました。つづいて、問題が発生した原因を究明します。

　将来に向けて設定するタイプの問題に取り組むような場合、必ずしも原因分析は必要ありません。たとえば、司法書士の資格を持っている企業の法務部門のスペシャリストが「今度は弁護士の資格に挑戦しよう」と考えた場合、すでに法律の知識をかなり持っていますから、「なぜ法律の知識が足りないのか？」とか「なぜ弁護士の資格を取れないのか？」といった原因を探ったりはしません。原因のない問題もあるのです。

　しかし、社会人が直面する問題の多くは、ある事象の結果として発生しています。結果としての問題には発生原因があり、発生原因がわからないとうまく解決できないのが普通です。

　福島原発事故でも、地球温暖化でも、企業で「売上高が2割減った」という場合でも、対策を考えるに当たり、そういう結果（問題）を引き起こした原因を探ります。

　原因がわからないと、問題を解決することはできません。逆に、私たちが日常直面する問題の多くは、それほど多種多様な解決策があるわけではないので、原因さえわかればかなりの確率で解決できるものなのです。発生した問題を解決するには、原因の究明が非常に大切です。

◆ わかりにくい因果関係

 原因と結果の関係のことを因果関係と言います。この章では因果関係を分析し、問題の原因を究明する手続き・考え方を検討します。

 因果関係には、「酔っ払って寝坊し、遅刻した」というように、非常に単純明快な場合もあれば、「景気の悪化」のように、原因がはっきりしない問題もあります。

 原因がはっきりしない状況は、①原因と結果の繋がりが弱い、②複数の問題と複数の原因が関係している、③原因に対し、さらに深い原因がある、といった場合があります。

 この章では、こうしたわかりにくい因果関係を分析する技法を考えていきます。

第2節　因果関係の分析

◆ 独立・単純相関・因果関係

因果関係について考えるにあたり、複数の事象間の関係について基本を整理しておきましょう。

2つ以上の事象の関係には、連動性（あるいは相関性）がある場合と連動性がない場合があります。事象AとBの間に連動性、つまり「Aが変わればBも変わる」という関係がある場合を**相関**、そういう関係がない場合を**独立**と呼びます。

さらに相関のうち、事象同士が原因と結果の関係になっているものをとくに**因果関係**と言い、因果関係以外の相関を**単純相関**と言います。

つまり図表5-1のように、事象間の関係は独立・単純相関・因果関係という3つに分類できるのです。

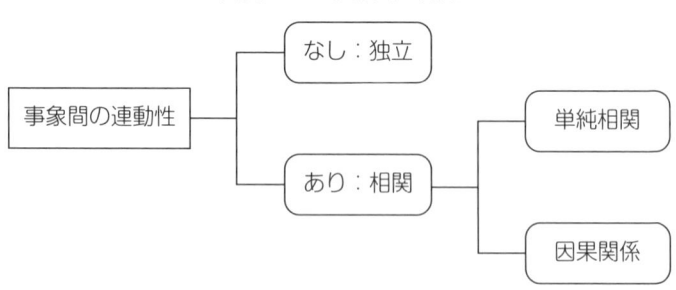

図表5-1　事象間の関係

```
                    ┌── なし：独立
事象間の連動性 ──┤
                    │                    ┌── 単純相関
                    └── あり：相関 ──┤
                                         └── 因果関係
```

たとえば、アパレル店の田中店長が、次の4つの事実を確認しました。

「冬の気温が高い」
「冬物衣料が売れない」
「灯油の消費量が少ない」
「民間企業の冬のボーナスが減った」

　「冬の気温が高い」と当然「冬物衣料が売れない」でしょう。これは因果関係です。また、「冬の気温が高い」場合、「灯油の消費量が少ない」でしょうから、こちらも因果関係です。

　「冬物衣料が売れない」ときには、「灯油の消費量が少ない」はずです（あるいは逆に灯油の消費量が少ないときには冬物衣料の売れ行きも悪いでしょう）から、２つの事象には一定の相関はあります。ただ、明らかに原因と結果の関係ではありませんから、単純相関ということになります。

　「冬の気温が高い」ことと「民間企業の冬のボーナスが減った」ことの間には連動性はありませんから、独立です。同様に、「民間企業の冬のボーナスが減った」と「灯油の消費量が少ない」も独立です（ボーナスが減っても、生活必需品である灯油の消費を減らしませんから、因果関係ではありません）。

　以上の関係は、図表5-2のようになります。

　ここでアパレル店の田中店長にとって重要なのは、原因「冬の気温が高い」と結果「冬物衣料が売れない」、原因「民間企業の冬のボーナスが減った」と結果「冬物衣料が売れない」という２つの因果関係だけです。田中店長は、「冬の気温が高い」という原因に対しては、薄手の品揃えにする、「民間企業の冬のボーナスが減った」という原因に対しては値下げをする、といった対応を採ります。

図表5-2　独立・単純相関・因果関係

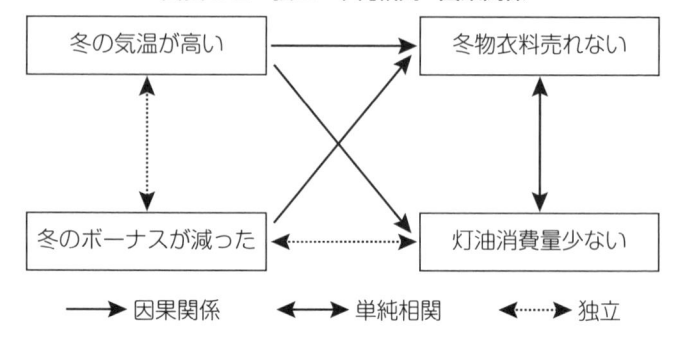

```
┌──────────────┐         ┌──────────────┐
│  冬の気温が高い  │ ──────→ │ 冬物衣料売れない │
└──────────────┘         └──────────────┘
       ↕                        ↕
       ⋮                        ⋮
       ↕                        ↕
┌──────────────┐         ┌──────────────┐
│ 冬のボーナスが減った │ ←⋯⋯⋯→ │ 灯油消費量少ない │
└──────────────┘         └──────────────┘
```

──→ 因果関係　　←──→ 単純相関　　←⋯⋯→ 独立

　一方、単純相関である「灯油の消費量が少ない」や上記以外の独立の事象は、田中店長にとって意味がありませんから、何も対処しません。
　このように問題解決では、独立・単純相関と因果関係を峻別することが重要なのです。

◆ 因果関係の成立条件

　先ほどの例では、「これは因果関係」「これは単純相関」と簡単に判断しました。しかし、現実には、独立・単純相関・因果関係の境界線はあいまいで、本当に因果関係なのかどうか迷う場面が多々あります。
　大星さんは電子部品メーカーの工場で生産管理を担当しています。大星さんが担当する生産ラインでは、このところ不良品が増えています。また、もう1つ気になることとして、マニュアル通りに機械を使って作業をせず、手作業で対応するイレギュラーなケースが増えています。

第5章　問題の原因を探る

　この状況で、「不良品」と「イレギュラーな手作業」という２つの事象には、何となく関係がありそうですが、因果関係とまで言えるのかどうかわかりません。

　また、因果関係であるとして、「不良品」が増加したから「イレギュラーな手作業」が増えたのか、「イレギュラーな手作業」が増えたから「不良品」が増加したのか、因果関係の方向も掴みかねるところです（図表5-3）。

図表5-3　因果関係の方向

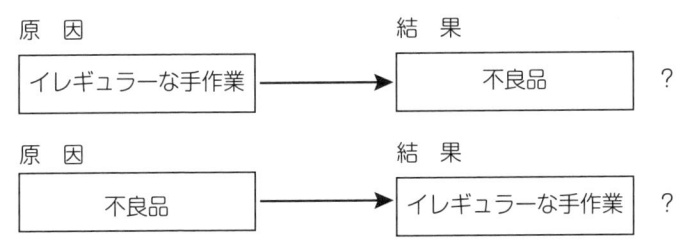

原　因　　　　　　　　　　　　結　果
| イレギュラーな手作業 | → | 不良品 | ？ |

原　因　　　　　　　　　　　　結　果
| 不良品 | → | イレギュラーな手作業 | ？ |

　ＡとＢという２つの事象があるとき、「ＡがＢの原因である」と特定するには、次の３つの条件を満たす必要があります。

Ⅰ．Ａが変化すればＢが変化する（**相関性**）
Ⅱ．ＡはＢに時間的に先行して発生する（**時間的先行性**）
Ⅲ．Ｂの原因になるのはＡだけで、**第三因子**が存在しない（**擬似相関の欠如**）。第三因子とは２つの事がらの共通の原因となる事がらのことです。

　因果関係なのかどうか不確かなときには、この３条件を確認する必要があります。

◆ 相関性を確認する

3つの条件をどのように確認するのか、具体的に考えてみましょう。

まず、Ⅰ. 相関性を確認します。「イレギュラーな手作業」が増加すると、作業者が不慣れなので、「不良品」が増加すると考えられます。あるいは、「不良品」が増えると、不良品に特別に対処するために「イレギュラーな手作業」が増加するという逆も考えられます。

ただし、相関性があること自体は常識で判断できても、相関性がどれくらい強いのかまでは、正確にわかりません。

因果関係には強弱のレベルがあり、Aという原因から必ずBという結果が発生するという強い因果関係もあれば、ときおりBという結果を引き起こすという程度の弱い因果関係もあります。事象間の結び付きの強さのことを**蓋然性**(がいぜんせい)と言います。蓋然性を確認するには、常識感覚だけではダメで、データを収集して、統計的に相関分析を行います。Excelでは次の操作によって、**相関係数**と呼ばれる指標を計算します。

「挿入」→「関数」→「統計」→「CORREL」

相関係数 r は「$-1 \leq r \leq 1$」の値をとります。r の符号が正（＋）のときには、正の相関性があり、r の符号が負（－）のときには、負の相関性（Aが増えればBが減る）があることを示します。相関係数の絶対値が0に近づくほど2つの変数の間に相関性が希薄で、0なら独立です。1に近づくほど2つの相

関性が強いことになります。相関の強弱を判断する目安は、以下の通りです。

$0.8 ≦ |r|$ → 強い相関あり
$0.6 ≦ |r|<0.8$ → 相関あり
$0.4 ≦ |r|<0.6$ → 弱い相関あり
$|r|<0.4$ → ほとんど相関なし
0 → 独立

　大星さんは、「イレギュラーな手作業」と「不良品」の発生件数を10週間に渡って集計しました。そして、図表5-4のデータを得ました。

　Excelを使って相関係数を計算すると、「0.91」になります。0.8以上なので、「イレギュラーな手作業」と「不良品」には強い相関性があることが確認できました。

図表5-4　相関係数

	イレギュラーな手作業	不良品
第1週	6	43
第2週	4	72
第3週	9	87
第4週	6	98
第5週	18	166
第6週	19	133
第7週	12	108
第8週	24	149
第9週	22	182
第10週	27	179

◆ 時間的先行性を確認する

 つづいて、Ⅱ. 時間的先行性を確認します。当然のことですが、因果関係では、原因が先にあって、結果がその後に発生するはずです。

 大星さんは、「不良品」が発生したケースをいくつか取り上げ、「イレギュラーな手作業」と「不良品」のどちらが先に発生したのかを調べました。そして、ほとんどのケースで、「イレギュラーな手作業」が先にあって、「不良品」が後に発生していることがわかりました。

 この結果、最初に想定した2つの因果関係のうち、原因「不良品」→結果「イレギュラーな手作業」という関係は想定できないと判明しました。

◆ 疑似相関の欠如を確認する

 最後に、Ⅲ. 擬似相関の欠如を確認します。相関性と時間的先行性という最初の2つの条件を充たしていても、他に有力な原因が存在すれば、因果関係ではなく、単純相関だという状況が考えられるからです。

 たとえば仮に、「不良品」が増加している原因として、大星さんの工場では最近、「作業プロセスの変更」が行われ、それがうまくいっていないという、より有力な要因が新たに見つかったとしましょう。さらに、この「作業プロセスの変更」は、「イレギュラーな手作業の増加」の原因にもなっていたとします。すると、図表5-5のように関係が成り立ちます。

第5章　問題の原因を探る

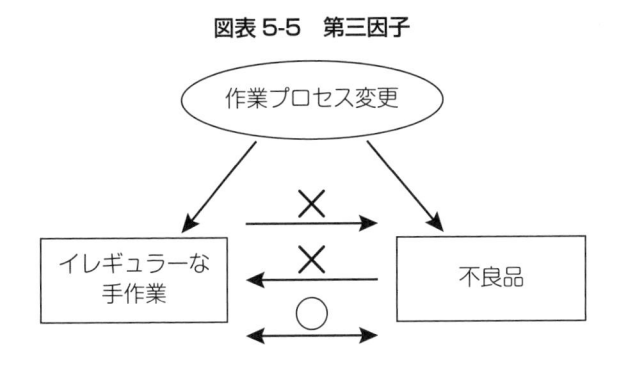

図表 5-5　第三因子

```
        ┌──────────────┐
        │作業プロセス変更│
        └──────┬───────┘
          ↙         ↘
    ┌──────┐  ×→  ┌──────┐
    │イレギュラーな│  ←×  │ 不良品 │
    │  手作業  │  ↔○  │      │
    └──────┘       └──────┘
```

　この場合、「不良品」と「イレギュラーな手作業」は、Ⅰ. 相関性とⅡ. 時間的先行性を満たしていても、因果関係ではなく、単純相関ということになります。

　「不良品」と「イレギュラーな手作業」が単純相関になるのは、「作業プロセスの変更」という両者に共通の原因が存在するからです。このように、複数の事象の共通の原因となる要素を第三因子と言います。単純相関の場合は第三因子が存在しますから、因果関係を特定するには、第三因子が存在しないことを確認すれば良いわけです。

　第三因子が存在するかどうかは、最初に目をつけた相関性以外の別の他の相関性を探すことになります。「絶対に他の要因は存在しない」ことを証明するのは難しいですが、アンテナを広く張って常識を働かせることによって、大きな見落としは防げるでしょう。

　大星さんは、もう一度生産ラインの状況をチェックしました。その結果、「作業プロセスの変更」のような第三因子は存在しないことを確認できました。

こうして大星さんは、Ⅰ・Ⅱ・Ⅲの３つの条件を確認し、「イレギュラーな手作業の増加」という原因によって「不良品の増加」という結果（問題）が起こったという因果関係を特定できました。

　日常生活では、３つの条件を勘と経験で判断することが多いでしょう。たいていの場合、それで大して問題ありませんが、複雑な問題では、以上のように３つの条件を満たしているかどうかを厳密に見極めることが大切です。

第3節　Why ツリー

◆ たくさんの原因

問題には、原因「寒い日に薄着で外出した」→結果「風邪を引いた」のように、明確な原因が1つだけしか存在しないという単純なものもあります。

しかし、社会人が直面する複雑な問題には、たくさんの原因があります。1つの結果に対して複数の原因がある場合や原因の原因、そのまた原因、と因果関係が連鎖している場合も珍しくありません。

食品スーパーで店長をしている遠藤さんは、このところ店の売上高が減少して悩んでいます。そこで、早速原因を調べて、対策を打つことにしました。

遠藤店長が過去1年間に渡って売上記録を調べると、客数が減っているだけでなく、客当たりの単価も下がっていることがわかりました。図表5-6のように、「売上減少」という問題（結果）に対して、「客数減少」と「客単価減少」という2つの原因があったわけです。

図表5-6　因果関係の分析

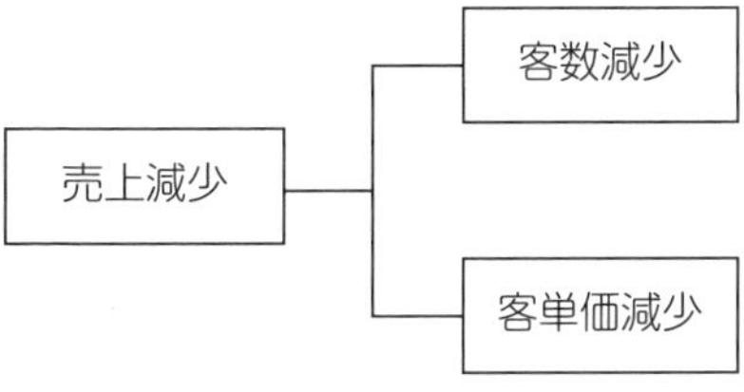

```
                  ┌─ 客数減少
       売上減少 ──┤
                  └─ 客単価減少
```

因果関係には、この例のように、1つの結果に対して複数の原因がある場合があります。逆に、1つの原因から複数の結果が生まれる場合（この場合、複数の結果同士は単純相関になります）や複数の原因から複数の結果が生まれることもあります。

◆ 原因を掘り下げる

　遠藤店長は、「売上減少」という問題に対し、「客数減少」と「客単価減少」という2つの原因を確認しました。

　しかし、この分析だけでは、解決策の立案へと進むことは困難です。なぜなら、「客数減少」「客単価減少」という問題に対処するには、「チラシを増やす」「品揃えを充実させる」「店頭での声掛けを充実させる」「値上げをする」などさまざまな解決策があり、どの方法が適切なのかわからないからです。

　そこで遠藤店長は、「客数減少」と「客単価減少」のさらに具体的な原因を調べることにしました。POSデータやカード会員情報をチェックするとともに、店員や来店客に声を掛けて、意見を集めました。

　その結果、「商圏人口が減少している」「店頭の陳列が不適切」「ネットスーパーの利用者が増えている」「消費者が節約志向を強めている」といった原因を見つけ出しました。

　問題解決では、問題の直接の原因だけについ目が行きがちですが、さらにその原因を探る必要があります。

◆ Whyツリーで原因を体系化する

遠藤店長は、以上の分析結果を図表5-7のように体系的に整理しました。

図表5-7 Whyツリー

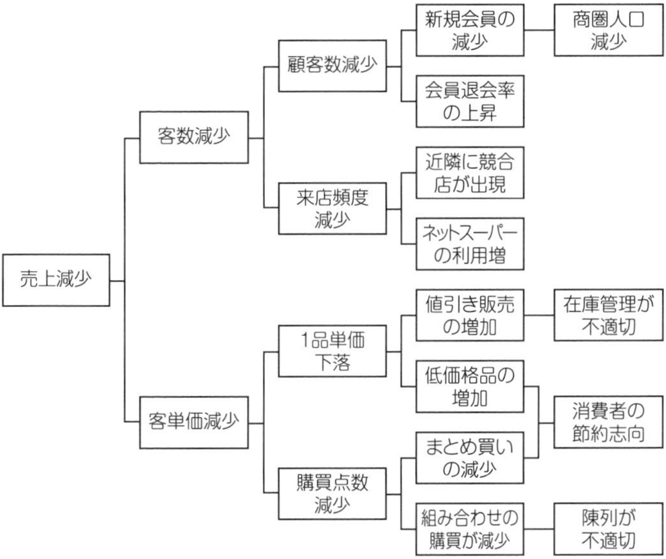

```
売上減少
├─ 客数減少
│   ├─ 顧客数減少
│   │   ├─ 新規会員の減少 ── 商圏人口減少
│   │   └─ 会員退会率の上昇
│   └─ 来店頻度減少
│       ├─ 近隣に競合店が出現
│       └─ ネットスーパーの利用増
└─ 客単価減少
    ├─ 1品単価下落
    │   ├─ 値引き販売の増加 ── 在庫管理が不適切
    │   └─ 低価格品の増加 ── 消費者の節約志向
    └─ 購買点数減少
        ├─ まとめ買いの減少 ── 消費者の節約志向
        └─ 組み合わせの購買が減少 ── 陳列が不適切
```

このように、複雑に錯綜した因果関係をツリー上に整理したものを **Whyツリー** と言います。Whyツリーは、ロジックツリーの一種で、左に結果（問題）、右に原因、さらに右に具体的な原因という形で、因果関係を図示するものです。右に行けば行くほど具体的な原因になっています（図表5-8）。

図表5-8　Whyツリーの構造

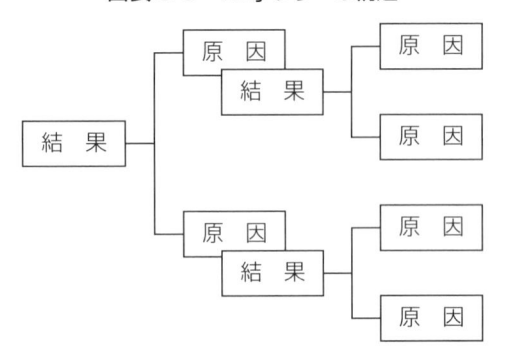

```
結果 ─┬─ 原因 ─┬─ 原因
      │  結果  └─ 原因
      │
      └─ 原因 ─┬─ 原因
         結果  └─ 原因
```

　複雑な問題に対処するには、十分に原因分析をせずにいきなり解決策の立案に進むようではいけません。まずWhyツリーで原因を体系的に整理するようにします。

◆ なぜ?を5回繰り返す

　Whyツリーを作成する上で、2つ留意点があります。
　1つは、右へ右へと原因を深く展開することです。
　問題では、つい直接の原因に目が行きますが、「客数が減ったぞ、さてどうする？」と言われても、どう対応して良いかわかりません。解決に向けて取り組むことができるのは、具体的な原因だけです。
　Whyツリーでは、右に行けば行くほど具体的な原因になっています。右に十分に展開できていない場合、分析が不十分だということです。たとえば、図表5-7では、「売上減少」から5段展開できている箇所と4段階があります。4段階の箇所はやや掘り下げが浅いと言えます。

掘り下げが浅いところについては、さらに原因を探求します。たとえば、4段階に止まっている「会員退会率の上昇」という原因について、もっと掘り下げることができないか、検討します。すると、さらに深い原因として「会員向けサービスが陳腐化した」といった原因が見つかるかもしれません。

トヨタでは「なぜを5回繰り返せ」という言葉があるように、現場で問題が発生したとき、従業員に「なぜ、それが起きたのか?」を突き詰めて考え抜くことを求めています。もちろん、5回という回数は決まりごとではありませんが、複雑な問題の真因にたどり着くには、2〜3回くらいの掘り下げでは不十分だということでしょう。

◆ MECEを意識する

Whyツリー作成のもう1つの留意点は、MECEを意識することです。

問題解決のプロセスを終えた後、別の原因が見つかって後悔するようでは困ります。そうならないためには、「すべての原因が出尽くしていて、モレがないか?」と「出てきた論点がダブっていないか?」という2つを意識する必要があります。

要因同士にダブリがなく、かつモレがない状態のことを**MECE**（Mutually Exclusive, Collectively Exhaustive ダブリなく、モレなく。"ミッシー"と読みます）と言います。

たとえば、自動車市場を「国産車／外車」というグルーピングをすれば、自動車は国産車か外車のどちらかに分類できますから、分け方としてダブリもモレもありません。

しかし、「大衆車／ガソリン車」というグルーピングは不適切です。なぜなら、大衆車でありかつガソリン車というダブリがあり、他にも高級な電気自動車などモレがあるからです。
　モレとダブリの関係は、次の4つの通りです。

① モレはないが、ダブリがある
　デパートの顧客は「個人」か「法人・団体」に分類できますが、そこに「ギフト用」が入ってくると、個人のギフトも法人・団体のギフトもありますから、ダブリがあります。「モレはないが、ダブリがある」状態です。

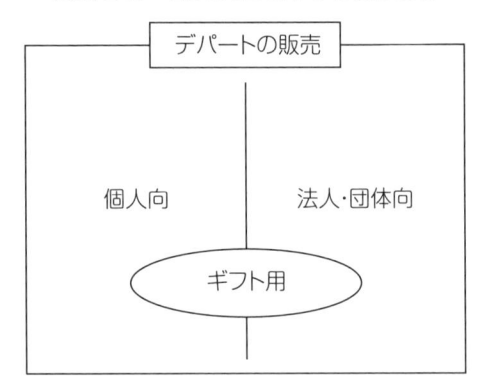

図表 5-9　モレはないが、ダブリがある

```
┌─────────────────────────────┐
│      ┌──────────────┐       │
│      │  デパートの販売  │       │
│      └──────┬───────┘       │
│             │               │
│   個人向    │    法人・団体向  │
│       ╭─────┴─────╮         │
│       │  ギフト用   │         │
│       ╰───────────╯         │
│             │               │
└─────────────────────────────┘
```

② ダブリはないが、モレがある
　物流手段を「陸運」と「海運」と分類すると、2つはダブっていませんが、他に「空輸」や「水運」がありますから、モレがあります。「ダブリはないが、モレがある」状態です。

第5章 問題の原因を探る

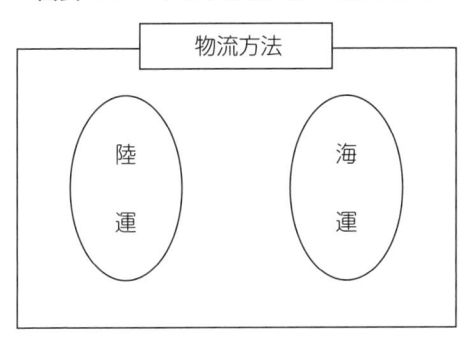

図表 5-10 ダブリはないが、モレがある

[物流方法：陸運、海運]

③ ダブリもモレもある

金融機関を「商業銀行」「証券会社」「外資系金融機関」と分類すると、外資系の商業銀行、外資系の証券会社がありますから、「商業銀行」と「外資系金融機関」、「証券会社」と「外資系金融機関」はダブっています。また、「保険会社」「投資銀行」「政府系金融機関」「ノンバンク」「カード」など他の要素がありますから、モレもあります。「ダブリもモレもある」、最も好ましくないグルーピングの状態です。

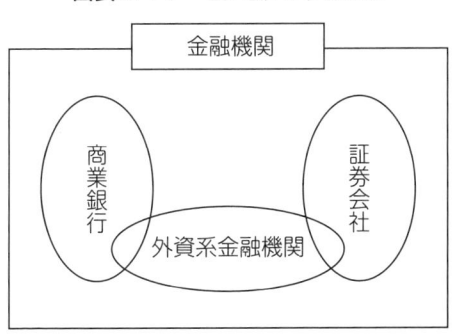

図表 5-11 モレもダブリもある

[金融機関：商業銀行、証券会社、外資系金融機関]

④ モレもダブリもない（MECE）

　自動車を乗せる対象によって「乗用車」「トラック」「バス」とよく分類します。このグルーピングでしたら、「モレもダブリもない」、最も望ましいグルーピングと言えます。

図表 5-12　モレもダブリもない

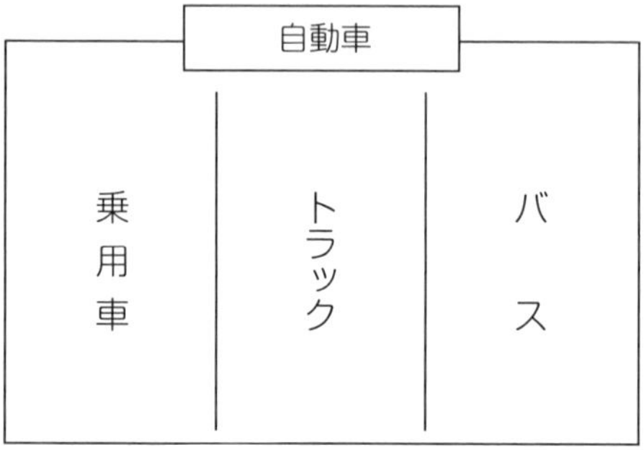

```
┌─────────────────────────┐
│         自動車          │
├───────┬────────┬────────┤
│ 乗用車 │ トラック │  バス  │
│       │        │        │
└───────┴────────┴────────┘
```

　先ほどの図表 5-7 の Why ツリーでは、たとえば、「売上減少」の原因として「客数減少」と「客単価減少」は、売上＝客数×客単価という掛け算の関係ですから、MECE であると言えます。このように、各段階の枝わけが MECE になっているかどうかを確認し、なっていないなら、他に原因がないかどうかを調べます。

　問題解決では、取り上げた問題とは別の重要な問題、真因だと思ったのと別の原因、ベストの解決策だと思ったのと別の解決策を見逃がしてはいけません。Why ツリーで原因分析をするときだけでなく、第 4 章の問題の認識や第 6 章の解決策の立案でも、MECE、とくにモレがないかどうかを確認することは重要です。

第4節　真因を突き止める

◆ すべての原因に対処するわけではない

　原因分析では、最終的にたくさんの原因の中から真因を突き止める作業をします。

　Whyツリーでは、右に行くほど具体的な原因になります。原因がたくさんある問題では、Whyツリーの一番右に並んだ具体的な原因に対して解決策を考えていくわけですが、Whyツリーで列挙した原因すべてに対処するということはしません。物理的にもできません。真因、つまり原因の中でもとくに問題発生に対し重要な影響を及ぼしているものを探し出して、重点的に解決に向けて取り組みます。

　図表5-7のWhyツリーでは、「商圏人口減少」「会員退会率の上昇」「近隣に競合店が出現」……といった一番右に並んでいるのが最も具体的な原因です。

　遠藤店長は、過去の販売データやお客様の意見などをさらに分析しました。その結果、「在庫管理が不適切」であることによって、閉店近くに大量の値引き販売を余儀なくされていることが「売上減少」に影響が大きい、つまり真因であると判断しました。そこで、ITシステムを改善して在庫管理を高度化するという対策を採って、この問題を解決しました。

◆ 真因はわかりにくい

　問題の内容にもよりますが、真因が明確になっている場合や

定量的な要因分析によって真因を突き止めることができる場合はまれでしょう。たくさん列挙した原因のどれが真因なのかを判断するのは、なかなか困難な作業です。

　先ほどの遠藤店長の状況でしたら、問題に与える影響の大きさを定量分析します。たとえば、「売上減少」が2億円で、そのうち「在庫管理が不適切」の影響が1.2億円で最大だったら、これを真因とみなします。

　ただし、「家庭の雰囲気が暗くなった」「隣人との人間関係が悪化した」といった問題のように、影響を定量化できない場合の方が、実際には多いはずです。そういう場合、関係者にヒアリングをするなど情報収集して考え抜きますが、最後の最後は、勘と経験で判断することになります。

　一番いけないのは、真因がはっきりしないからといって、とりあえず列挙したすべての原因に対し、手当たり次第に対応しようとすることです。組織であれ個人であれ、予算・時間・マンパワーなどリソースには制約があります。すべての原因に対応しようとすると、リソースが分散し、どれもこれも中途半端に終わってしまいます。

　仮説のレベルでも結構ですから、真因を絞り込むことが重要です。仮説に基づいて問題解決を進めて、もし間違っていたと判明したら、また仮説構築からやり直せばよいわけです。

【第5章のまとめ】

- たいていの問題は、因果関係が明らかになれば解決できます。
- 複数の事象の関係は、連動性に注目すると、独立、単純相関、因果関係に分類できます。このうち、問題解決で重要なのは因果関係だけです。
- 因果関係が成立する条件は、以下の3つです。
    Ⅰ．AがBに変化すればBが変化する（相関性）
    Ⅱ．AはBに時間的に先行して発生する（時間的先行性）
    Ⅲ．Bの原因になるのはAだけで、第三因子が存在しない（擬似相関の欠如）。第三因子とは2つの事がらの共通の原因となる事がらのことです。
- 複雑な問題では、直接の原因だけでなく、さらにその原因を掘り下げて分析する必要があります。
- 因果関係の連鎖を左・結果、右・原因という形で図示するのがWhyツリーです。Whyツリーを作成する際には、右への展開とMECEを意識します。MECEとはモレとダブリがない状態です。
- Whyツリーの右側に並んだ要因の中から、真因を探り出して、解決に向けて取り組みます。真因がわからないからと言って、すべての原因に対処してはいけません。

【学習課題】• •

1．複雑な問題を取り上げて、原因をしっかり究明してから解決に向かったかを確認してください。
2．因果関係なのかはっきりしない状況を取り上げて、3つの条件を確認してください。
3．複雑な問題を取り上げて、Whyツリーを作成してください。分析がMECEになっているかどうか、十分に右に展開できているかどうかを確認してください。
4．すべての原因に対処するのではなく、真因を探り出そうと努めていますか。

第6章
解決策を立案・実行する

最終的に問題を解決するには、分析で終わりにせず、革新的・差別的な解決策を立案し、実行しなければなりません。この章では、革新的な解決策を立案する方法や解決策を体系的に整理する技法、解決策を実行する上での留意点などを検討します。

第1節 解決へと進む

◆ "分析中毒"にならない

　第3章と第4章で問題を認識し、第5章で問題の原因を分析しました。この第6章では、解決策を立案・実行するという問題解決の最終局面を検討していきます。

　よく、時間と労力をかけて情報収集し、問題の状況と原因を念入りに分析する人がいます。はたから見ると「もう十分だろ」という状況でも、情報収集・分析の手を止めません。おそらく、情報が集まり、問題の状況が明らかになると、解決に向けて着実に前進しているという満足感が得られるからでしょう。満足度を高めようとして、情報収集と分析をエンドレスでつづける状態を"分析中毒"と呼ぶことができます。

　とくに大企業や役所のような大きな組織では、いろいろな関係者とコンセンサスを形成する必要があるので、分析・報告が重視されます。時間・予算などリソースに余裕があることもあって、ひたすら分析をつづけることになりがちです。

　しかし、分析それ自体が新しい価値を生み出すわけではありません。分析から何らかの解決策を生み出し、実行し、実際に成果を実現して、初めて価値が生まれます。

　インターネットが普及した時代、次から次へと新しい情報が集まり、情報収集には終わりがありません。しっかりプロセスを踏み、時間を掛けて問題解決を進めることは大切ですが、ある程度問題と原因が明らかになったら、解決策の立案・実施に進まなければなりません。皆さんの職場で、管理職など上位役

職者が「この程度の情報では軽々に判断できない」と頻繁に発言するようになったら、組織として"分析中毒"に陥っている危険な兆候だと考えて良いでしょう。

◆ 良い問題解決策とは?

　解決策を立案するとき、私たちは2つの間違いを犯しがちです。1つは、パッと思いついた解決策に飛びつくこと、もう1つは過去の経験を頼りにすることです。2つに共通するのは、KKD（勘・経験・度胸）です。

　過去に解決した経験のある問題や単純な問題なら、KKDでも大きな問題はないでしょう。しかし、複雑な問題や新しい問題に対処するには、ベストの解決策が何なのか、ゼロベースでじっくりと検討する必要があります。

　とくにビジネスでは、競争を勝ち抜き、事業を発展させるために、今までにない革新的な解決策、明らかに同業他社とは異なる差別的な解決策を生み出すことが期待されます。

　たとえば、ビール会社が売上高を増やしたいなら、健康志向のビールを開発するなど、今までにない価値を提案します。あるいは、グローバル展開やインターネット販売など、今まで取り組んでこなかった販売先やチャネルを開拓する必要があるかもしれません。いずれにせよ、今までにないことをするという革新性がポイントになります。

　また、単に新しければ良いというわけでなく、他社と差別的で摸倣が困難であることも重要です。ビジネスでは、たいていライバルがいますから、差別性、つまりライバルと何らかの違

いがないと、またそれが持続しないと、競争優位に立つことができません。仮にインターネット販売を他社に先駆けて最初に始めても、他社が簡単に追随できるような仕組みでは、あまり意味がありません。

　さらに、適度に現実的・実行可能な解決策でなければなりません。革新的・差別的であっても、自社のリソースでは到底実行不可能な"絵に描いた餅"では、良い解決策とは言えません。

　革新的・差別的な解決策は、現実性・実行可能性が低くなります。革新性・差別性と現実性・実行可能性は矛盾するわけで、これらが高度にバランスしているのが良い問題解決策ということになります。

第2節　革新的な解決策を創造する

◆ 革新性がカギだが、難しい

　問題解決策の立案で、革新性・差別性と現実性・実行可能性を高度にバランスさせるのは至難の業です。とりわけ難しいのは、革新的な解決策を作り出すことでしょう。

　最近は「外国の物まねでは、今後のグローバル競争を勝ち抜けない」「革新的・独創的なアイデアにこそ価値がある」などと、革新性がよく強調されます。1980年代までの日本企業は、欧米企業が生み出した製品やビジネスモデルを模倣し、「より良いものをより安く」で成功してきました。しかし、日本が世界のトップランナーとなり、中国などより低価格のプレイヤーが現れてからは、自らフロンティアを切り開くことが重要になっています。

　しかし、私たちは学校教育でも、会社など組織の中でも、独創的に発想することを学んできませんでした。決められた作業を効率よく行うことはかなり訓練されていても、革新的なことを考えるのは苦手というのが、たいていの人、たいていの企業の姿でしょう。

◆ 革新的な解決策を創造するには？

　革新的な解決策を生み出すには、どうするべきでしょうか。たとえば、あなたが電機メーカーの商品企画を担当しており、上司から来週までに新商品のアイデアを出すように命じられたら、

どうしますか。

　アイデアを練るために、まず滝に打たれて瞑想に耽るでしょうか。滝は大げさとしても、静かな書斎にこもって、じっと考えを巡らせるでしょうか。

　革新を英語で**イノベーション**（innovation）と言います。イノベーションに関する過去の研究によると、滝に打たれたり、静かな書斎にこもったりするやり方は、本質的に間違っているようです。

　イノベーションという概念を生み出した経済学者のシュンペーターは、その本質を「経営資源の新しい結合」であるとし、「馬車を何台連ねても汽車にはならない」という名言を残しています。シュンペーターによると、イノベーションは、ゼロから何かを生み出すのではなく、すでに存在する経営資源を今までと違った方法で組み合わせることによって生まれるのです。馬車という同じものを連ねるのではなく、別の動力などいろいろな組み合わせ（結合）をする必要があるということです。

　つまり、アイデアを創造するには、次の２つの作業が必要になります。

① **まず知識・情報をインプットする**
② **それらの組み合わせを変えてみる**

　良いアイデアが出ないという場合、①②のいずれか（あるいは両方）が欠けていることになります。
　大ヒット中の消えるボールペン、フリクションボールのアイデアは、インキの研究者が紅葉を見に行ったときに生まれまし

た。インキについてそれまで日夜研究していた彼は、紅葉が一夜で緑から赤に変色するのを見て、この現象を試験管の中で実現できないかと思い立ちました。そして、試行錯誤を重ねたのち、「温度によって色が変わるインキ」を開発しました。このインキが最終的に消えるボールペンへと発展したのです。

この消えるボールペンや3Mのポストイットの開発、古くはニュートンの万有引力の発見のように、イノベーションには一定のパターンがありそうです。あることについて情報を集め、それを真剣に考えつづけ、そこに新たな情報が加わったとき、革新的なアイデアが生まれるのです。

◆ ネットワークを活用する

もう1つ取り組みたいのは、ネットワークの力を活用することです。個人の力には限界がありますから、他人の力、人的ネットワークを活用するようにします。

問題になっている分野について専門知識のある知人がいるなら、問い合わせると良いでしょう。たいていの問題では、一人であれこれと悩むよりも、専門家に聞いた方が効率的に良い解決策を得られます。自分や自分の周りの人にとっては革新的でも、その道の専門家から見たら「そんなの常識でしょ」ということは意外と多いものです。

そういう適切な知人がいない場合、簡単な問題なら、「goo」などインターネットのサイトに質問したり、公的機関に問い合わせる、といった方法で解決できます。

◆ オープン・イノベーション

しかし、複雑な問題に対処し、真に革新的な解決策を立案しようとすると、それだけでは不十分でしょう。もっと高度なネットワークの活用が必要になります。

ネットワークを活用した問題解決として近年注目されているのが、オープン・イノベーションです。タプスコットとウィリアムズは『ウィキノミクス』の中で、社外との協業によってイノベーションを起こす**オープン・イノベーション**（open innovation）を提唱しています。

同書の冒頭で紹介されている、カナダの金鉱山会社・ゴールドコープの成功は、興味深い話です。ゴールドコープ社は、自社の最高機密である地質情報をウェブで世界中に公開し、探鉱方法などのアイデアを懸賞金付きで募りました。すると、世界15か国、1000人以上の地質学者、人工知能研究者、CG専門家、コンサルタントなどが同社のデータと格闘し、鉱脈について優れたアイデアを提供しました。その成果を活用して、ゴールドコープは超優良企業へと飛躍したのです。

とくに、個人やリソースの限られる中堅・中小企業の場合、自分自身や自社内部のリソースにかかわるのではなく、外部のリソースを積極的に取り入れることが大切です。

第6章　解決策を立案・実行する

第3節　解決策の体系化

◆ まず、すべての解決策を網羅する

　解決策を立案する上でもう1つ留意するべき点は、まずすべての解決策を網羅的に列挙することです。

　問題解決策には、革新的なもの・平凡なもの、実現可能なもの・不可能なもの、好きなもの・嫌いなもの、といろいろあります。そういうことに関係なく、まずは解決策をすべて並べるようにします。

　問題解決の成果の大きさは、通常、選択した解決策の期待値か、それ以下になります。たとえば、ある問題について期待効果が100の解決策①、80の解決策②、60の解決策③があったら、普通期待値が最も大きい解決策①を選択します。そして、よほど外部環境や諸条件が好転しない限り、120とか期待以上の成果が生まれることはありません。実際の成果は100かそれ以下、たとえば80とかになります。

　ここで、問題解決プロセスを実行した後になって、たとえば期待値が150というもっと良い解決策④が見つかったらどうでしょう。「もっと慎重に検討しておけば良かったな……」と後悔することになります。

　こうした致命的な間違いを避けるには、解決策を検討する初期段階では、条件反射的あるいは経験的に思いついた解決策に飛びついてはいけません。好き・嫌い、実行可能・不可能といったことをひとまずさて置き、考えうるすべての解決策を列挙するべきなのです。

図表 6-1　解決策の体系化

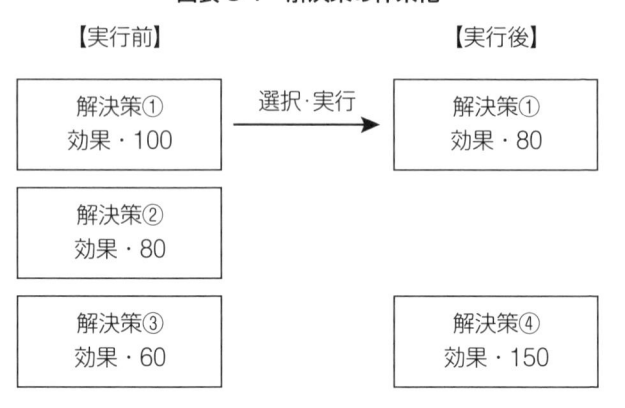

【実行前】　　　　　　　　　　　　　　　【実行後】

```
┌──────────┐   選択・実行   ┌──────────┐
│ 解決策①  │ ──────────→  │ 解決策①  │
│ 効果・100 │              │ 効果・80  │
└──────────┘              └──────────┘

┌──────────┐
│ 解決策②  │
│ 効果・80  │
└──────────┘

┌──────────┐              ┌──────────┐
│ 解決策③  │              │ 解決策④  │
│ 効果・60  │              │ 効果・150 │
└──────────┘              └──────────┘
```

◆ Howツリーで体系化する

解決策を体系的に整理するのに有効なのが、How ツリーです。

How ツリーは、左に目的（課題）、右に目的を達成するための手段、さらに右に手段を実現する具体的な手段という配置で、問題解決策を整理します。目的と手段のつながりのことを**目的手段連関**と呼びます。図表 6-2 のように、右に行くほど具体的

図表 6-2　How ツリーの構造

```
                ┌─ 手 段 ─┬─ 手 段
                │   目 的  │
目 的 ──────────┤          └─ 手 段
                │
                └─ 手 段 ─┬─ 手 段
                    目 的  │
                           └─ 手 段
```

第６章　解決策を立案・実行する

な手段になり、最終的には最も右に並んだ解決策の中から、解決策を選びます。

　上野さんは、自動車部品メーカーで生産計画を担当しています。上野さんが担当する工場では、１年のうち受注が多く忙しいときと少なく暇なときの差が激しく、全体的に稼働率が低いことが問題です。

　上野さんは、「繁忙期に処理効率を上げる」「販売価格を下げて需要を閑散期にシフトさせる」など、考えうる対応を列挙しました。そして、それらを図表6-3のようなHowツリーに整理しました。

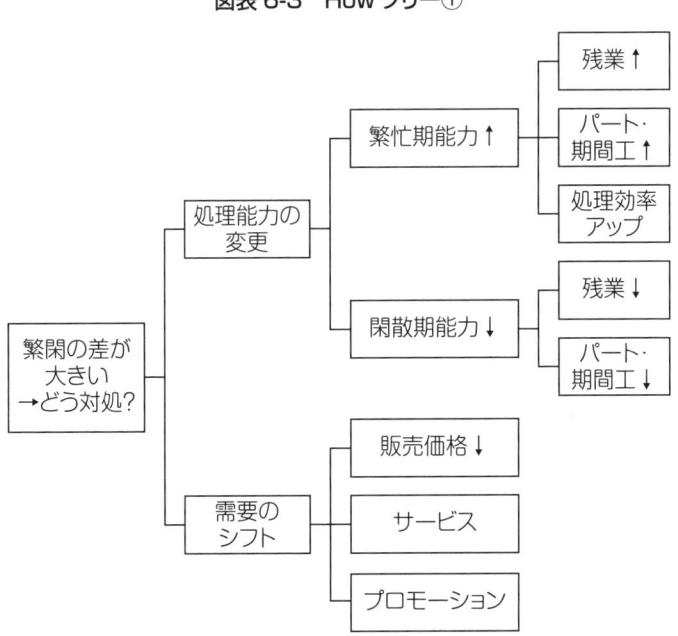

図表6-3　Howツリー①

```
繁閑の差が大きい
→どう対処?
├─ 処理能力の変更
│   ├─ 繁忙期能力↑
│   │   ├─ 残業↑
│   │   ├─ パート・期間工↑
│   │   └─ 処理効率アップ
│   └─ 閑散期能力↓
│       ├─ 残業↓
│       └─ パート・期間工↓
└─ 需要のシフト
    ├─ 販売価格↓
    ├─ サービス
    └─ プロモーション
```

◆ Howツリー作成の留意点

　How ツリーを作成する上で大切なのは、まずすべての解決策を発散的に出すことです。

　よくきれいなツリーを作ることに頭が行って、自由な発想をしないうちに、整理をし始めることがあります。しかし、Howツリーでは、考えうる解決策をすべて列挙することが大切ですから、まずはツリーのことを意識せず、考えうる解決策をすべて出すことに集中します。

　そして、アイデアが出尽くしたと判断したら、左・目的、右・手段という関係とMECEを意識して整理します。たとえば、「処理能力の変更」には、「繁忙期の能力を上げる」か「閑散期の能力を下げる」かしかありませんから、MECEです。

　また、一番左に適切な課題（目的）を取り上げることも大切です。幅広い視点から解決策を出すには、一番左の課題はあまり範囲を狭めず、間口を広げておく方が良いでしょう。

　営業マンの赤塚さんは、以前から来週木曜日の夜に東京でお客さんとの約束があり、その翌日の金曜日早朝に大阪で別のお客さんとの約束を入れてしまいました。木曜日の約束を終えた後には新幹線がなく、木曜日のうちに大阪に移動できません。ダブルブッキングに近い状況です。

　ここで赤塚さんが、「別の移動手段を探す」ことを課題（目的）に設定したらどうでしょうか。たしかに、「夜行バス」「夜行列車」「自動車を運転」など、移動手段に関連した解決策が考えられますが、それだけが解決策ではありません。移動手段にこだわらなければ、「代役を依頼する」「テレビ会議で済ませ

第 6 章　解決策を立案・実行する

る」「時間を調整する」「キャンセルする」など、他にもいろいろな解決策が出て来ます。

つまり、「別の移動手段を探す」という狭い課題ではなく、たとえば、「東京・大阪の両方の約束に対処できない、どう対処するか？」といった広い課題を取り上げる方が良いのです。

この状況で作った赤塚さんの How ツリーは、図表 6-4 の通りです。

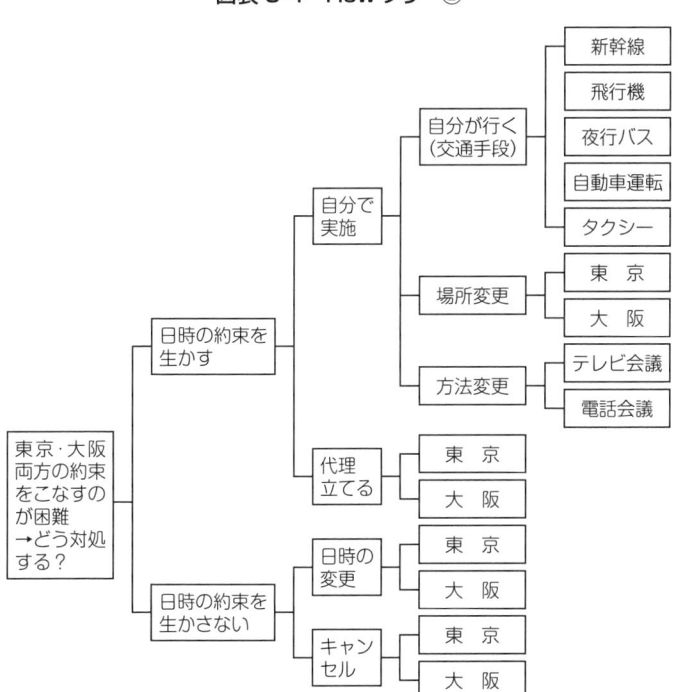

図表 6-4　How ツリー②

```
東京・大阪        ┌ 日時の約束を ┬ 自分で  ┬ 自分が行く  ┬ 新幹線
両方の約束        │ 生かす      │ 実施   │ （交通手段） ├ 飛行機
をこなすの        │             │        │             ├ 夜行バス
が困難            │             │        │             ├ 自動車運転
→どう対処        │             │        │             └ タクシー
する？            │             │        ├ 場所変更    ┬ 東京
                  │             │        │             └ 大阪
                  │             │        └ 方法変更    ┬ テレビ会議
                  │             │                      └ 電話会議
                  │             └ 代理   ┬ 東京
                  │               立てる └ 大阪
                  └ 日時の約束を ┬ 日時の  ┬ 東京
                    生かさない   │ 変更    └ 大阪
                                 └ キャン  ┬ 東京
                                   セル    └ 大阪
```

この How ツリーですと、「別の移動手段を探す」という狭い

課題を展開するのに比べて、考えうる解決策がかなり網羅されていると言えましょう。

◆ デシジョン・ツリーの活用

　解決策を整理し、意思決定する際に How ツリーとともによく使われる技法に、デシジョン・ツリーがあります。

　デシジョン・ツリーは、起こりうる意思決定シナリオとその結果（ペイオフ）を列挙し、それらをツリー上に記述するものです。これらのシナリオと結果に対して、起こりうる確率を設定し、期待値を比較して意思決定します。

　問題解決で複数の決定が段階的に必要であったり、決定から行動までの間に不確実性がある場合、デシジョン・ツリーを使って選択肢を体系化し、意思決定するのが効果的です。

　フリーターの飯島さんは、来週月曜日にどのアルバイトをしようか迷っています。選択肢は、博物館の展示設営、道路工事の警備、アイスクリーム工場の製造作業の3つで、今日中にどれかに申し込みをしなければなりません。

　3つの仕事の条件は、以下の通りです。

- 博物館の展示設営……天候に関係なく仕事があり、1日9,000円。
- 道路工事の警備……雨だと仕事がなく、0円。晴れたら仕事があり、1日11,500円で、正午の気温が32度を超えたら暑気手当4,000円が加算されます。
- アイスクリーム工場の製造作業……雨なら午前中だけで

第6章 解決策を立案・実行する

仕事が終わり、5,000円。晴れたら1日中仕事があり、10,000円。晴れて正午の気温が32度を超えたら、1時間勤務時間が長くなり、残業手当2,000円が加算されます。

天気予報によると、月曜日は晴れの確率が70%、雨の確率が30%、正午に32度を超える確率は60%と予想されています。
飯島さんは、3つの選択肢について、図表6-5のようなデシジョン・ツリーを作成しました。
なお、慣習的に、意思決定ノード（意思決定者がコントロールできる変数・行動）を□、確率ノード（意思決定者がコントロールできず、他者・自然・偶然に支配される変数）を○の記号で表します。

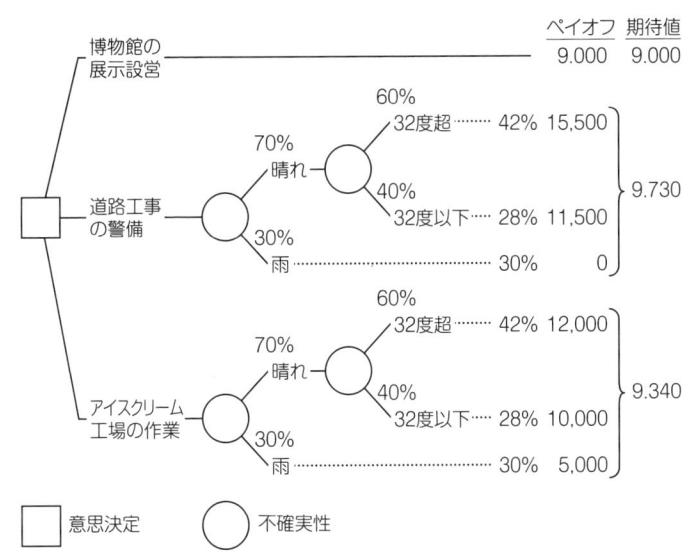

図表6-5　デシジョン・ツリー

	ペイオフ	期待値
博物館の展示設営	9,000	9,000
道路工事の警備 晴れ70% → 32度超60%: 42%	15,500	9,730
32度以下40%: 28%	11,500	
雨30%: 30%	0	
アイスクリーム工場の作業 晴れ70% → 32度超60%: 42%	12,000	9,340
32度以下40%: 28%	10,000	
雨30%: 30%	5,000	

□ 意思決定　　○ 不確実性

分析の結果、3つの選択肢の中で、期待値は道路工事の警備が9,730円で最も大きいとわかりました。飯島さんは早速、道路工事を申し込みました。

　ただ、この状況で、飯島さんが必ず道路工事を選択するとは限りません。たとえば飯島さんは金欠で、月曜日に収入がゼロになっては困るというなら、収入がゼロになる可能性が30%ある道路工事を避け、博物館の展示設営かアイスクリーム工場の製造作業を選択する可能性があります。

◆ デシジョン・ツリーは実用的

　よく、「こんな面倒くさいデシジョン・ツリーなんて、実際には誰も使わないでしょ」と批判する人がいます。しかし、デシジョン・ツリーを作成するかどうかは別にして、頭の中ではこういう思考をしています。

　たとえば、朝家を出るときに傘を持つかどうかは、次の4つの選択肢を検討します。

① 傘を持たずに外出。雨が降り、びしょ濡れ。
② 傘を持たずに外出。晴れて、快適。
③ 傘を持って外出。雨が降り、一安心。
④ 傘を持って外出。晴れて、傘が邪魔。

　普通は、頭の中で感覚的に4つの選択肢のペイオフを見積もり、傘を持つ・持たないの期待値を比較し、意思決定します。つまり、紙に書かないだけで、頭の中ではデシジョン・ツリー

を作っているのです。

　傘を持つかどうかは、意思決定を失敗しても大きな問題はありません。しかし、仕事や家庭生活を左右する重要な問題については、面倒がらずに実際に手を動かして紙に書くということをすると良いでしょう。

第4節　ベストの解決策を選ぶ

◆ 選択基準を設定する

　Howツリーのように解決策が整理できたら、その中から有効な解決策を選んで実行します。

　Howツリーの一番右側に並んでいるのが、最も具体的な解決策です。いかなる個人・組織でも、問題解決のために利用できるリソースには限りがありますから、いろいろな解決策をあれもこれもと実施するわけにはいきません。「これだ！」と思うベストの解決策を選んで、重点的に実行する必要があります。

　ベストの解決策を選ぶには、決定基準をはっきりさせる必要があります。問題の内容、組織・個人の置かれた状況、考え方にもよりますが、ビジネスの場合、一般に次のような基準があります。

① **費用対効果**
　それぞれの解決策を実施した場合の投資・費用と効果の見積もり。どの選択肢が最も効果が大きいですか。
② **効果実現の時間**
　どの選択肢が効果を得るのに時間的に早いですか。
③ **実現性**
　選択肢は、実現性が高いですか。実現のための障害を明らかにし、実現性が低い選択肢を排除します。
④ **リスク**
　どのようなリスク要因を伴っていますか。リスクの内容と程度。

⑤ **関係者への影響**

社内外の関係者にどのような影響を及ぼしますか。

⑥ **自身のビジョン・価値観・キャリアとの整合性**

自身のビジョン・価値観・キャリアに照らして、選択肢は整合していますか。

⑦ **所属組織のビジョン・目標との整合性**

所属組織のビジョン・目標と整合していて、全体最適になっていますか。

ちなみに、先ほど紹介したデシジョン・ツリーは、①費用対効果で解決策を決定する技法と言えます。

◆ 適切な決定をするには？

適切な決定をするためには、まず、どのような決定基準があるのか、基準を幅広く抽出します。問題にもよりますが、1つだけしか決定基準がないということはまれで、多数あるのが普通です。いきなり決め打ちをするのではなく、決定基準を幅広く列挙します。

次に、数ある決定基準の中から、どの基準を重視するかを決めます。たくさんの基準を平等に扱うのではなく、問題の内容や解決目標などに照らして、少数の重要な基準を選びます。

最終的に、選んだ基準に照らして選択肢を評価し、解決策を選びます。あれもこれもではなく、1つないし少数の選択肢を選びます。複数の解決策を選ぶこともありますが、その場合は、優劣や実施順序を明らかにします。

基準が複数ある場合、マトリックス状に整理して判断することがあります。

　小野さんは、丸大不動産の経営企画部で新規事業開発に取り組んでいます。小野さんは、リフォーム関連の新規事業をどのような組織体制で進めるべきかを考えて、次の3つの選択肢に至りました。

① 分社化によって、事業を専門的に推進する新会社を作る。
② 1年間の期限を区切ってプロジェクトチームで推進する。
③ 既存の不動産事業部の中で、専任担当者を置いて推進する。

　小野さんは、図表6-6のように、5つの基準を選び出して、各基準の評価をマトリックス化しました。そして、最終的に②のプロジェクト組織で進めることにしました。

図表6-6　決定基準のマトリックス化

	選択肢① 事業の分社化	選択肢② プロジェクト組織	選択肢③ 事業部制内部（現状）
1. 選択肢の実現性	○	△	◎（対策必要なし）
2. 新規事業創出の効果	△（シナジー欠如）	○	×
3. コスト	×（会社設立費用）	△	○
4. リスク	×	△	◎
5. 既存事業部門への影響	◎	○	×
〈総合判断〉	△	○	△

なお、一般にビジネスでは、これらの決定基準のうち「①費用対効果」を最も重視します。あとは自分自身を中心に考え、「⑥自身のビジョン・価値観・キャリアとの整合性」に注目することが多いでしょう。

「⑦所属組織のビジョン・目標との整合性」は、見過ごしてしまいがちですが、組織で仕事をする上では重要な検討事項です。皆さんも職場の上司から「部分最適に陥るのではなく、つねに組織の全体最適を目指せ」と言われた経験があるかと思います。全体最適を判断基準として意識するのは、組織として活動する上で重要な視点です。

第5節　解決策を実行する

◆ 実行計画を具体化する

つづいて、解決策を具体化します。

Howツリーで体系化した解決策は、どういう方向性で解決していくべきかという大雑把な考え方のレベルにすぎません。複雑な問題の場合、そのまま実行に進むことはできません。確実に成果を実現するためには、具体的な実行計画を策定してから、実行に進む必要があります。

成功者の条件について研究した第一人者がナポレオン・ヒルです。鉄鋼王アンドリュー・カーネギーの依頼を受けてアメリカの成功者・大富豪を研究したヒルは、共通する成功の条件として「目標を立て、綿密な行動計画を作り、揺るぎない信念を持って忍耐強く取り組むことである」（ヒル『思考は現実化する』）と述べています。

私たちは、上司からの命令や社内の予算承認を得るための要件として、いやいや実行計画を具体化します。しかし、「綿密な行動計画」は、問題解決の成功の条件なのです。

◆ 5W2Hで具体化する

どのように実行計画を作るのかは、問題の内容・種類によって大きく異なります。ただ、有名な5W1Hを覚えておくと、計画にモレが少なくなります。ビジネスで重要なHow much（いくらで？）を含めた5W2Hは、以下の通りです。

① Who/Whom（誰が／誰に）：誰が誰に対して問題解決しますか。
② What（何を）：どのような問題を扱いますか。どのような状態を実現しますか。
③ When（いつ）：いつから始めて、どのような途中の過程を経て、いつまでに解決しますか。
④ Where（どこで）： 解決に取り組む場所、範囲。
⑤ Why（なぜ）： なぜ問題解決が重要なのですか。何を目指すのでしょうか。
⑥ How（どのように）：どのような方法で解決を進めますか。
⑦ How much（いくらで）：資金などどのようなリソースを使いますか。費用に見合った効果が見込めますか。

　計画をどこまで具体化するかは、重要な検討事項です。大きな問題を長期間かけて解決する場合、自ずと途中で挫折する可能性が高くなります。

　そこで、課題をいくつかの短期の作業（タスク）に分割し、こまめに進捗確認をできるようにします。たとえば、「会社内の交際費を削減する」という大きな課題に取り組む場合、「交際費の使用実態を調査する」「交際費を金額別・用途別などに分析する」「交際費削減の影響を推定する」という小さなタスクに分割するわけです。大きな課題には立ちすくむという人でも、小さなタスクならば見通しが立ちやすいので、実行可能性とモチベーションが高まります。

◆ 実行計画書にまとめる

　問題解決策を具体化したら、それを実行計画書にまとめるようにします。ビジネスでは、一般に予算承認などを得るために計画書を作りますが、家庭生活の問題でも、計画書を作ると良いでしょう。

　簡単な問題なら、計画書とかあれこれ面倒な書類を作るよりも、さっさと実行に着手するのが得策でしょう。しかし、複雑な問題では、長い期間を掛けて、いろいろなリソースを使い、関係者と共同作業をしなければなりません。実行計画書を作り、複雑な活動を"見える化"することによって、問題解決に成功する可能性が高まります。

　半導体メーカーの人事部に所属する天野さんは、給与制度の見直しを進めています。天野さんの会社では、長く職能資格制度でしたが、年功序列的な運用で制度が硬直化していたことから、担当する職務の大きさ・難易度に応じて評価する職務給に変更したいと考えています。

　天野さんは、業界や給与制度のトレンドなどを調査し、職務給に変更する旨を上申しました。そして、方針が承認された後、具体的な推進方法を図表6-7のような実行計画書にまとめました。

　実行計画書に記載する項目は、先ほど紹介した5W2Hが基本です。ただ、問題の内容などによって千差万別で、図表6-7にこだわる必要はありません。

　大切なのは、実行計画を頭で考えるだけでなく、実際に実行計画書を書くということです。実行計画書によって関係者との

第6章 解決策を立案・実行する

図表6-7 実行計画書

承認日：2013年7月10日
起案日：2013年5月25日

承認2	承認1	起案者
間瀬	小熊	天野

実 行 計 画 書

計画名	職務給への給与制度見直し
内　容	現在の職能資格給を廃止し、職務の大きさに応じて給与を決める職務給を導入する
理由・効果	1．当社は昭和60年以来、職能資格制度で給与を支給している。制度導入から30年近く経ち、年功序列的な運用になっている。 2．それによって、社員の高齢化による人件費の増大、組織の活力の低下、といった悪影響が目立つようになっている。 3．事業の多角化やグローバル化に伴い、仕事の難易度や働き方が違ってきていることを踏まえ、職能資格制度から職務給に転換をしたい。 　　効果　32,000千円／年（給与手当の減少） 　　　　　組織の活性化
具体策	本年度中に制度設計・試験運用をし、次年度から職務給を本格導入する 職務給にもさまざまなパターンがあり、詳細はコンサルタントを交え、プロジェクトで検討。
スケジュール	2013年9月、コンサルタント選定、プロジェクトチーム立ち上げ 2013年12月、業務調査 2014年2月、制度設計 2014年4月、試験運用 2014年6月、制度修正 2014年7月、新制度導入
推進体制・担当	・経営企画部：池田…経営陣との調整 ・人事部：古本・玉井…プロジェクト統括 ・営業本部・田中、製造本部・松尾…各部門業務調査取りまとめ
予算措置	6,000千円／年（2013年下期・統制固定費） コンサルティング報酬

共同作業が円滑になるというメリットもありますが、実行計画書は自分自身のためにも大切です。「書く」という行為はほぼイコール「考える」ことですから、書くことによって自分の思考が明確に整理されます。また、実行面でも、自分が書いたことはしっかり頭の中に残りますから、計画が実現する可能性が高まります。

◆ ガントチャート

複雑な問題を解決するには必要なタスク（task 作業）がたくさんあり、それをプロジェクトとして複数のメンバーと役割分担して実行します。タスクを整理し、スケジュール化する技法として、**ガントチャート**があります。先ほど説明した実行計画書に、ガントチャートを入れるようにします。

ガントチャートは一般に、縦にタスクを実施順に並べ、横に

図表6-8　ガントチャート

	7月	8月	9月	10月	11月	12月	1月	2月	3月	4月	5月	6月	7月	8月
コンサルタント選定	△		▼											
業務調査				△		▼								
制度設計						△		▼						
試験運用								△		▼				
制度修正										△	▼			
新制度導入												△		▼

各タスクの着手から完了までの期間を表示します。図表 6-8 は、先ほどの天野さんの実行計画書のうちスケジュールの部分をチャートにしたものです。

　見える化をするためにガントチャートを掲示板などに手書きする場合もありますが、実行段階で修正する場面が頻繁に出てきますから、パソコンや携帯端末で作成・管理すると良いでしょう。Excel でも良いですが、ガントチャート作成に特化したフリーソフトもたくさんありますから、活用してください。

◆ リソースを調達し、環境を整える

　どれだけ綿密に計画を練ったとしても、どれだけやる気があっても、十分なリソースを手当てしなければ問題解決は進みません。実行計画が決まったら、解決策に着手するにあたり、必要なリソースと環境を整えます。

　問題解決で用いるリソースは多岐にわたりますが、一般に次のようなものがあります。

① **ヒト**
　問題解決に協力をしてくれる関係者・関係部署
② **モノ**
　使用する場所、機械・道具など設備
③ **カネ**
　投資・費用の予算、その調達先
④ **技術・ノウハウ**
⑤ **情報**

問題の内容にもよりますが、やはり問題解決の鍵を握るのは、ヒトです。多くの場合モノやカネといった物理的なリソースよりも、人的なリソースが問題解決のポイントにも制約条件にもなります。たいていは自分一人で問題を解決することはできませんから、適切な関係者に協力を仰ぐべきです。

　ヒトに限らず、いざというときに必要なリソースをタイムリーに調達するためには、緊急のときだけでなく、日頃からリソースを調達・活用できる状態にしておくことが大切です。たとえば、新製品開発のために外部の研究機関から技術を入手したいと考えても、いきなり話は進みません。新製品開発が具体化する前から、将来の見込みを立てて研究機関と技術提携しておくなど、関係を深めておく必要があります。

　とくに人的なネットワーク、人と人との付き合いは、長期的な視点が必要です。他人との信頼関係は短期間では形成できませんから、目先の損得にこだわりすぎず、人的ネットワークを形成することを心がけます。

　他人と協力して問題解決を進める方法については、次の第7章で詳しく検討します。

第6節　実行の留意点

　リソースと環境が整ったら、実際に成果実現に向けて活動します。実行段階の留意点は、問題の内容・程度などによって千差万別ですが、共通して重要な4点を確認しておきましょう。

◆ メリハリをつけて重点的に実行する

　第1に、メリハリをつけて、重点的に実施します。

　いろいろな問題にあれもこれもと手を出してリソースが分散し、どれも中途半端な状態になってしまうのが、実行段階で最も好ましくない状態です。他の問題や日常生活・日常業務のことなど、気になることはたくさんあるでしょう。しかし、目途が立って区切りがつくまでは、優先的・重点的にその問題の解決に取り組むようにします。

　日本企業のオフィスワークは、国際的に見て生産性が非常に低いと言われます。電話が掛かってきたり、無駄な会議が多かったり、同僚・上司との雑談やタバコ休憩が多かったり、などで長時間オフィスにいて働いているつもりでも、実際には、あまり集中して仕事をできていないようです。

　問題解決では、ダラダラと長時間かけるよりも、短時間でも集中して取り組む方が効果的です。とくに職場では、1日の中で、自分なりに集中できる「プライムタイム」を持ち、集中して仕事に取り組む習慣を付けると良いでしょう。

◆ スピーディに実行する

第2に、実行のスピードを強く意識します。

問題は生き物で、時間とともにどんどん変化していきます。もちろん、人間関係と同じように、時間が解決してくれる問題もありますが、時間が経つにつれて事態が悪化する問題もたくさんあります。

問題発生の初期段階なら簡単に対処できたのに、時間が経ち、悪影響が広がった段階では、対応が困難になるという場合がよくあります。

その典型例が2011年の福島第一原発の事故でしょう。3月11日に地震と津波が発生した初期段階で東京電力が迅速に対応しなかったことが、事態を深刻化させたと言われています。

東京電力は、地震と津波によって電源が失われ、原子炉の破損が進んでいることを早期に認識していました。しかし、将来、福島第一原発が廃炉になることを懸念して、海水注入という抜本対策を躊躇しました。この対応の遅れによって、未曽有の大事故に発展したとされます。

私たちは、ビジネスでも「軽々に動かず、事態がはっきりするまで慎重に構えよう」と"大人の対応"をすることがあります。しかし、とくに見える問題については、拙速なくらい早期に対応するのが基本です。

◆ 成果実現まで粘り抜く

第3に、成果を実現するまで、粘り抜くことです。

"良い問題"であるほど内容が複雑かつ困難で、短期間で簡単に解決できません。問題によっては、解決までに半年、1年、数年かかることもあるでしょう。当然、期間が長引くほど途中で挫折し、問題解決に至らず終わる可能性が高まります。

学校でも、企業でも、期待通りの成果が出ていなくても、「力を合わせて一生懸命頑張ったんだし、結果は出ていないけどまあ良いではないか」という判断をしがちです。そうではなく、結果にこだわる強い意志を持ち、成果実現まで粘り抜く覚悟が必要になります。

といっても、強い意志、覚悟を持つというのは、口で言うほど簡単なことではありません。かなりまじめな人でも、簡単な問題には取り組んでも、どうしても困難な問題解決は後回しにしてしまいがちです。

そこで、人間は意志が弱いということを前提に対策を考えると良いでしょう。具体的には、以下のような点に注意します。

- 無理のない計画を作る
- 問題解決の目標を公表し、自分にプレッシャーをかける
- 関係者との協力関係を事前にしっかり構築しておく

◆ 柔軟に軌道修正をする

第4に、実態の変化に合わせて柔軟に軌道修正します。

問題解決策を実行すると、計画段階では気づかなかった不測の出来事が起こって、計画がうまく進捗しないことがあります。そういう場合、どうしても挫折感を持ってしまいますが、無理

に計画を守ろうとしてうまくいかないと、「計画は計画、現実は現実」という扱いになり、計画自体への信頼感が損なわれます。

　解決目標という最終的なゴールは簡単に変えるべきではありませんが、計画を守って成果を実現するためには途中の進め方やチェックポイントは変更します。場合によっては、問題解決を諦めるという決断をします。

　軌道修正をスムーズに行うためには、期待する問題解決であるメインシナリオとは別に、別の展開を辿るサブシナリオを想定しておくと良いでしょう。とくに、まったく期待と反する展開の場合どういう結末を迎えるかという最悪シナリオを想定しておくと、軌道修正を判断しやすくなります。

第6章 解決策を立案・実行する

第7節　事後評価する

◆ 事後評価を行い、次につなげる

　問題解決に取り組んだら、何がしかの結果が出ます。計画通りに解決できて、個人や組織が大いにレベルアップすることもあれば、思うような成果を出せないこともあるでしょう。いずれの場合でも、必ず出てきた結果を評価します。

　企業では、年度初めに予算を立てて、毎月とか四半期ごとに進捗をフォローし、改善していく場合が多いでしょう。いわゆる**PDCAサイクル**（plan → do → check → act）です。しかし、そういう強制力がない個人や家庭のレベルでは、一通りの結果が出ると、「やれやれ」と息を抜いてしまうことが多いかもしれません。

　気持ちはわかりますが、これからも人生はつづくわけですから、やりっぱなしにせず、結果を評価し、将来の問題解決へと繋げていくこと大切です。

　具体的には、次の4点をチェックします。

① 当初のねらい、計画通りの成果が実現しましたか。どこが計画に達し、どこが達していないでしょうか。
② 予定外の副次効果や他部門への影響はありましたか。
③ 問題解決のプロセスは適切でしたか。良かった点、悪かった点はどうでしょうか。
④ 残された課題はありますか、今後引き続き取り組むべき事がらは何でしょうか。

ここで確認しておきたいのは、②と③です。問題解決に限らずある行動を評価するとき、普通①と④は実施するでしょうが、②と③は忘れがちです。問題解決は、さまざまな関係者に影響を与えますから、単に取り上げた問題の結末がどうなったかだけでなく、②の副次効果や他部門への影響にも広く注目します。

◆ プロセスも評価する

　また、出てきた結果を評価するだけでなく、③の問題解決プロセスについても評価するようにします。

　将来、いろいろなタイプの未知の問題に直面したとき、満足な解決ができたかどうかは、経験した問題解決の数よりも、適切なプロセスに沿って解決したかどうかです。うまくいったやり方を異なるシチュエーションでも再び実現できるかという"再現性"が問題になります。

　再現性のある問題解決力を身に付けるためには、やりっぱなしにせず、問題解決のプロセスを評価することを習慣にすると良いでしょう。

◆ プロセスと成果は必ずしも一致しない

　プロセスを評価する上で注意が必要なのは、プロセスの良し悪しと成果の大きさ、つまり問題解決がうまくいったかどうかとは、必ずしも一致しないという点です。

　私たちは、大きな成果が出ていると、プロセスも良かったのだろうと即断して安心してしまい、プロセスをしっかり振り返

りません。逆に、期待した成果が出なかった場合、プロセスも悪かったのだろうと思い込み、悲観してしまいます。

　しかし、問題解決の成果は、さまざまな外部要因に大きく左右されますから、必ずしも成果とプロセスは一致しません。良いプロセスで着実に問題解決を進めても、不運に見舞われて成果が出ない場合もあれば、不適切なプロセスでいい加減に取り組んでも、幸運に恵まれて大きな成果が上がる場合もあります。

　良い結果が出ても慢心せず、悪い結果になっても落胆せず、結果と関係なく、プロセスそれ自体を独立で評価するべきなのです。

【第6章のまとめ】

1. "分析中毒"にならず、解決策の立案・実行に進みます。
2. 考えうる解決策を列挙すること、創造的な解決策を立案することを心がけます。
3. 創造的な解決策を生み出すには、いろいろな情報を組み合わせるようにします。また、オープン・イノベーションのように、人的ネットワークを活用します。
4. 解決策にモレがないよう、Howツリーで整理します。Howツリーは、左・目的、右・手段で解決策を配置するもので、最も右に並んだ解決策の中から実行します。
5. 不確実性が伴う意思決定では、デシジョン・ツリーを作成します。
6. 決定基準を明らかにして、解決策を選びます。
7. 解決策を5W2Hなどで具体化します。考えるだけでなく、実行計画書にまとめるようにします。
8. 実行段階では、メリハリをつけて重点的に実行すること、成果実現まで粘り抜くこと、柔軟に軌道修正することなどを心がけます。
9. 解決策を実行し終わったら、振り返りをします。成果が出ているかどうかだけでなく、プロセスも確認します。

第6章 解決策を立案・実行する ■

【学習課題】……………………………………

1．創造的なことを考えるように努めていますか。いろいろなリソースを組み合わせて、新しいアイデアを生み出そうとしているかどうか確認してください。
2．複雑な問題を取り上げて、Howツリーを作成し、解決策を列挙してください。
3．実行段階では、成果にこだわり、柔軟に軌道修正しながら取り組みましたか？
4．問題解決を終えて、良い問題解決だったかどうか確認しましたか？ とくに、正しいプロセスで成果を実現できたかどうか確認してください。

第7章

チームによる問題解決

職場や社会活動では、チームを編成して他者と協力して問題解決に取り組む場面がたくさんあります。この章では、優れたチーム活動とはどういう状態なのかを明らかにした上で、コミュニケーション、モチベーション、リーダーシップなど、チームで問題解決を進める上での留意点を検討します。

第1節 チームによる良い問題解決とは?

◆ 社会人の問題解決の特徴

　本書は、ここまで社会人の読者の役に立つ問題解決の進め方・技法について考えてきました。

　ところで、社会人が取り組む問題解決と学生など社会人以外の問題解決では、何か違いがあるのでしょうか。

　社会人も学生も、ともに社会を構成し、社会の中で生活していますから、両者の問題解決に本質的な違いはありません。ただ、社会人と学生では、生活の仕方や活動範囲が違いますから、直面する問題や問題解決の進め方に若干の違いがあります。

　1つの違いは、社会人は学生よりも複雑な問題に直面することが多いことです。学生の場合、学校や地域など限られた範囲で限られた人との接触を主体に生活するのに対し、社会人は、広い範囲で、いろいろな人と交わって生活します。社会人には、必然的に複雑な問題に直面する場面が増えてきます。本書では第6章まで、複雑な問題を想定して、プロセスを踏んで問題解決を進めることを検討してきました。

　もう1つの違いは、社会人の場合、個人が単独で問題解決に取り組むよりも、自分以外の人と共同で取り組むケースが多いことです。学生は、試験問題や将来の進路決定のように、自分のために個人で解決する問題が主体です。それに対し、社会人は、自分以外の関係者と協力しながら、自分のためだけでなく、所属組織や関係者、あるいは広く社会のために解決に取り組む問題が多くなります。

2つ目の違いから、社会人がより良い問題解決をするには、個人として問題解決力を高めるというだけでなく、他人と協力して成果を出すということに卓越する必要があるのです。

◆ チームとは?

とくに職場では、複雑・大規模・高度な仕事を効率よく処理するために、職場の仲間や取引先などとチームを組んで共同作業をすることがたびたびあります。職種や役職などにもよりますが、新商品の企画、製造業現場での作業、職場運営方針の決定など、チームでの業務が勤務時間の半分以上を占めることも珍しくありません。

これだけチーム活動が多いと、チームとしての問題解決の巧拙が、職場のパフォーマンスを決定づけることは容易に想像できます。活発な活動で良い問題解決をしているチームと停滞したチームでは、明らかな差があります。

ちなみに、**チーム**とは共通の目的を持って活動する複数の人間の集まりです。社会学では、ただ人が集まる状態を群集、共通の目的や役割分担などの組織的関係を持つ集まりのことを集団（グループ）と呼びます。より結びつきの強い集団のことをチームと呼び、群集や集団と区別しますが、厳密な違いはあまり気にしないでください。

この章では、チームによる問題解決の進め方、ポイントを考えていきましょう。

◆ 良いチーム活動とは?

まず、チームで問題解決に取り組むとき、どういう状態が望ましいのかを確認しておきます。

チームに参加すると、メンバーは心理的な安心感を得られるなど（所属欲求と言います）、チームにはいろいろな側面があります。ただ、問題解決との関連では、個人ではなしえない優れた問題解決を実現できることに、チームで活動する価値があります。

つまり、チームシナジーを実現しているのが良いチーム活動ということになります。**チームシナジー**とは、チームが創出するパフォーマンス（業績）とメンバー個人の能力の総和との差です。

たとえば、100の能力を持つメンバーが5人集まってチームを結成したら、メンバーの個人の能力の総和は、500です。

100 × 5=500

このチームが活動して700のパフォーマンスを出したとしたら、チームシナジーは200です。

700 − 500=200

通常、チームシナジーはプラスですが、チーム活動がうまくいかないと、マイナスになる場合もあります。マイナスの場合は、わざわざチームを組んで問題解決に取り組む価値はないという話になります。

チームシナジーが大きいのが良いチーム活動であり、良いチーム活動によって個人ではなしえない困難な問題を解決できたり、より効率的・効果的に解決できたりするのが、チームとしての良い問題解決ということです。

第2節　問題認識の共有

◆ 問題認識の共有が最大の難所

　チーム活動を通して良い問題解決をするためのポイントを考えていきましょう。

　第1に、何より重要なのが、チーム・メンバーの間で問題認識を共有することです。

　第1章で確認したとおり、問題は誰に対しても客観的・絶対的に存在するわけではありません。チーム・メンバーが同じ状況に置かれていても、「大問題だ！」と考えるメンバーもいれば、まったく問題だとは思わないメンバーもいる、ということがよく起こります。問題は、「問題だ」と認識できて初めて解決されますから、問題についてメンバーの認識を統一する必要があります。

　単純な問題や緊急性の高い問題なら、メンバー間で容易に問題認識を共有できます。火事が発生した、取引先が倒産した、といった問題が明らかな場合、とくに認識を共有する努力は必要ありません。

　しかし、少し複雑な問題になると、メンバーの問題認識が食い違い、解決に向けた活動がなかなか前に進みません。問題認識を共有することが、チームによる問題解決の最大の難所になるのです。

◆ あるべき姿を共有する

　問題とは現状とあるべき姿のギャップですから、現状とあるべき姿の両方をメンバー間で共有しなければなりません。

　知識や理解度のレベルに差があると、現状認識をすり合わせるのも難しいですが、さらに難しいのが、あるべき姿を共有することでしょう。あるべき姿というのは、人によってまちまちだからです。

　わかりやすい例として、地球環境問題での認識の共有について考えてみましょう。地球環境が良くなること自体に反対する人はいませんから、究極的な認識は一致しています。しかし、具体的にどのような地球環境が望ましいかは、人によってずいぶん考え方が違います。

　代表的な考え方は、以下の3つです。

　「地球環境は何にも代えがたい。子孫に素晴らしい地球環境を残すためには、環境破壊につながる活動をすべて中止すべきだ。」

　「地球環境も大切だが、豊かな生活も同じく大切だ。地球環境保護と経済成長を両立させることが、現実的な目標になる。」

　「環境保護を主張する先進国は、過去に地球環境を破壊し経済発展してきた。自分たちが豊かになったら、発展途上国の経済発展を制限しようというのは、先進国のエゴだ。」

　3つのどれが正しいということはなく、どの考え方を採るかは、人それぞれの価値観、あるいはやや大げさに言うと人生観によります。

第7章　チームによる問題解決

◆ 議論を通して問題認識を共有する

　チームで問題解決を進める上で、あるべき姿の認識の共有を避けて通ることはできません。メンバー間で認識に大きな相違があるなら、チーム・リーダーを中心にとことん話し合う必要があります。

　私たちは、家族でも、職場でも、あまり議論をしません。職場ではよく会議を開くかもしれませんが、情報の伝達・共有を目的にした型通りのものがほとんどで、メンバーで率直に意見を戦わせることは、意外と少ないのではないでしょうか。

　チーム・リーダーは、本音の議論をするようにします。メンバーが意見を表明しやすいよう、インフォーマルな雰囲気を演出します。

　ただし、喧々諤々に議論したとしても、他のメンバーが長年培ってきた価値観・人生観を変えることはできません。あるべき姿の認識を完全に統一することはできないのです。

　したがって、現実には、まずメンバー各自が持っている考え方を表明させて、多数意見を中心にできるだけ多くのメンバーが納得できる共通認識を作り出すということをします。

◆ 異端を受け入れる

　あるべき姿の認識を統一する話し合いでは、最終的に何らかのコンセンサスを得なければなりません。ただ、チーム・リーダーは、コンセンサスの形成を焦って、生煮えの議論のまま先を急ぐようではいけません。

とくに、メンバーの中心的な認識と反する異端の意見に目を向け、受け入れることが大切です。
　複数のメンバーで議論をしていると、議論は一方方向に流れがちです。しかし、多くの場合、大勢の意見と異なる考えを持つメンバーがいるものです。チーム・リーダーは、どうしても議論の先を急ぎがちですが、異端の意見を取り入れるよう努めるべきです。問題の認識では、往々にして異端の意見に真理や大きな発展の機会があるからです。問題認識だけでなく、解決策を立案する場面でも同様です。
　セコムがホームセキュリティを導入したときも、ヤマト運輸が宅急便を始めたときも、イトーヨーカ堂が日本でセブン‐イレブンを始めたときも、まったく異端の意見で、社内は「絶対成功するはずがない」と反対一色でした。
　いろいろな意見、ときに自分一人では考え付かなかった異端の意見が出てきて、思いもよらない素晴らしい解決ができるところに、チームによる問題解決の価値があります。
　日本人は、他人と違うアイデアを持っていても、場の雰囲気を察して意見を表明しないことがよくあります。チーム・リーダーは、「本当にそういう認識で良いんでしょうか。違う考えはありませんか？」と、あえてコンセンサスと異なる意見を募ると良いでしょう。

第3節　効率的な役割分担

◆ 適材適所が基本

　チーム活動の2つ目のポイントは、メンバーの間で適切な分業、役割分担をすることです。

　どれだけ能力・意欲の高いメンバーが揃っていても、適切に役割分担をしないと、効果的なチーム活動ができません。逆に、適切な役割分担をすることによって、個人ではなしえない大きな仕事、困難な仕事を達成できるところに、チーム活動の価値があります。

　人材マネジメントでは、よく「適材適所」の重要性が強調されます。人によって能力・特徴が異なりますから、チームとして総合的に問題解決力を高めるには、メンバーの能力・特徴に見合った役割を与える必要があります。

　適材適所を実現するためには、チーム・リーダーは、まずメンバーの能力・特徴と仕事の価値・難易度・負荷などをしっかり把握していなければなりません。また、個人的な好き嫌いや一時的な感情で役割分担を決めることも慎まなくてはなりません。

◆ 比較優位の発想

　リーダーがメンバーの能力・特徴や仕事の価値などをしっかり把握できていたとしても、効率的な分担になっていないことがよくあります。それは、**比較優位**に基づく役割分担ができて

いない状況です。

　適材適所の本質は、比較優位に基づく役割分担です。経済学者リカードは、貿易による国際分業を題材に比較優位の概念を考案しましたが、貿易だけでなくすべての分業について、絶対優位でなく、比較優位に基づいて分業すべき、という原則が当てはまります。

　どういうことでしょうか。簡単な例で見てみましょう。

　設計事務所に勤める西川さんと藤井さんの2人が設計図面の確認と電話での商談という、同じ価値を持つ2つの作業をするとします。

　西川さんは1時間で4枚の図面を確認し、1時間で2件の商談をすることができます。藤井さんは、1時間で1枚の図面を確認し、1時間で1件電話商談ができます（図表7-1）。

図表7-1　比較優位①

	西川	藤井
図面確認	4	1
電話商談	2	1

　つまり、図面確認でも商談でも、いずれも西川さんの能力が藤井さんを上回っています。この状態を「西川さんが絶対優位にある」と言います。だからといって、西川さんの勤務時間には限りがありますから、すべての仕事を西川さんにさせるのではなく、藤井さんと分業する方がチームとしては効率的です。

　ここで図面確認と商談という2つの仕事を行う効率を比較

すると、図面確認は西川さんと藤井さんは4:1、電話商談は2:1です。西川さんは図面確認の方が電話商談よりも優位性が大きく、藤井さんは電話商談の方が図面確認よりも優位性が大きい（劣位の度合いが小さい）です。これを比較優位と言います。

西川さんと藤井さんが1日6時間働くとします。リカードの理論の通り、西川さんは比較優位を持つ図面確認を、藤井さんは比較優位を持つ電話商談を担当すると、図表7-2の通り、図面確認は6枚、電話商談は24件、2人で合計30の業務をこなせます。

これに対し、西川さんが電話商談を、藤井さんが図面確認を担当すると、図面確認は12枚、電話商談は6件、合計18の業務しかこなせません。その他のパターンの計算結果は省略しますが、合計30が最大です。比較優位に基づいて役割分担するのが最も効率的なのです。逆に、比較優位の逆の分業の18が最低になります。

図表7-2　比較優位②

	西川	藤井	合計
比較優位で分業	24 図面4枚×6h	6 商談1件×6h	30
比較優位の逆で分業	12 商談2件×6h	6 図面1枚×6h	18

◆ アインシュタインにタイプをさせるな

よく「アインシュタインが秘書よりタイピングがうまくても、

彼がタイプしてはいけない」と例えられる通りです。

　ただ、実際の職場では、仕事ができる人、"職場のアインシュタイン"に何でもかんでも仕事を押し付け、大残業をさせている一方、できない人は仕事がなく、暇を持て余している、という状態が意外と多いのではないでしょうか。

　この状態では、チームとして効率が上がらないだけでなく、貴重な職場のアインシュタインがモチベーションを下げてしまうことになりかねません。

　チーム・リーダーは、比較優位の理論を理解し、職場のアインシュタインが雑務に追い回されていないかどうか、厳しくチェックする必要があります。

第4節　発散的に思考する

◆ 発散でイノベーションを生み出す

　第3のポイントは、チームでうまく発散的思考を行うことです。
　問題解決のプロセスは、発散と収束の繰り返しで進みますが、とくに解決策の立案は、一人でじっと考え込むよりも、チームで発散的に思考する方が効果的です。なぜなら、第6章で確認したとおり、解決策の立案はイノベーションの創造であり、イノベーションはいろいろな人の異なる意見がぶつかり合うことで生まれやすいからです。異端の意見を受け入れるべき、という先ほどのポイントとも重なります。
　「自由に意見を述べよ」と言われても、実際にはなかなか意見が出てきません。そこで、チーム・リーダーは発散技法をうまく活用するよう心がけます。
　自由に発散して問題を発見するために、いろいろな発散技法（あるいは自由発想技法）が開発されています。ブレイン・ストーミング、KJ法、チェックリスト法、属性列挙法、NM法などが有名です。本書ではこのうち、社会人にとって手軽に活用でき、有用なブレイン・ストーミング、KJ法、チェックリスト法を紹介しましょう。

◆ ブレイン・ストーミングによる発散

　チームによる発散技法として最も有効なのが、**ブレイン・ストーミング**（Brain-storming、以下、ブレストと略します）

です。

　ブレストは、オズボーンが発案しました。個々が持っている知識や情報を、共通の場で吐き出させる討論の方法です。あるテーマについて、思いつくままに自分の考えを出します。問題発見だけでなく、問題解決のための新しい発想、アイデアを導き出したりするのに用いられます。

　ブレストは、多くのアイデアが出されていく中で、それら出された異質な意見・アイデアを組み合わせ改善し、一種の化学反応を起こすことにより、一層洗練させたアイデアを生み出し、それを繰り返す過程で連鎖的にアイデアを生み出していくことを目的とした発想法です。

　一般的なブレストの進め方は、以下の通りです。

① 数名のグループを編成します。
② あるテーマについて、メンバーが自由奔放に発言し、より多くのアイデアを出していきます（質より量）。
③ アイデアの組み合わせと改善を行います。

◆ ブレイン・ストーミングの4原則

　効果的にブレストを行うには、「ブレイン・ストーミングの4原則」に従うことが重要です。

① **自由奔放**
　深く考えずに、アイデアや思いつきを発言します。「こんなことを言ったら笑われるのではないか」といった気持ちを持たず、

思いついたことをどんどん言っていきます。

② **批判厳禁**

他人の発言を批判してはいけません。人は批判されると、次からはアイデアを思いついても、批判を恐れて言わないで済ませてしまい、自由奔放の原則が崩れてしまいます。

③ **便乗歓迎**

他人の意見に便乗して、その意見から連想されたことを発言することもOKです。この原則によって他人の意見に触発され、自分の考えが発展していきます。

④ **質より量**

量が質を生み出します。良し悪しを判断せず、とにかくたくさん発言します。たくさん意見を出すことによって、問題を多角的に分析する視点が見出せます。

◆ 時間を区切って発散する

ブレストは、たいへん手軽かつ効果的な技法で、創造的な業務を行う職場ではよく利用されます。

ただ、ブレストは一見単純な技法ですが、必ずうまくいくというわけではありません。むしろ、調子よく始まっても、いつの間にか普段の雑談と変わらない状態になり、あまり成果がないまま、何となく尻切れで終わってしまうことが多いようです。よく「ブレスト＝雑談」と誤解されています。

ブレストがうまくいかない最大の理由は、4原則の中でも「②批判厳禁」を守れないことです。人は他人の意見を聞いて、一定の判断をするのが普通です。そして、判断について、黙って

いられません。他人の良いアイデアを聞けば「グッド・アイデア！　よく考えているねぇ」と褒め、つまらないアイデアを聞けば「それはダメでしょ。ちょっとは頭使っているの？」と言いたくもなります。「批判厳禁」、つまり「判断を停止せよ」「判断を口に出すな」というのは、人間の心理としてたいへん不自然な状態なのです。

　不自然な状態を長時間にわたってつづけるのは無理があります。したがって、ブレストを成功させるには、ファシリテーター（進行役、リーダーでも結構です）を決めて、ファシリテーターが開始前に4原則を徹底するとともに、20～30分など短い時間を設定して集中して実施すると良いでしょう。

　よく「ブレストなんて効果がない」「研修でしか使ったことがない」という批判を耳にします。ブレストの効果を否定する有力な研究結果があるのも事実です。ただ、ビジネスなどの現場でブレストを使いこなせていないのは、多くの場合、時間を決めずにダラダラと実施し、途中からいつもの四方山話になっているようです。以上紹介した留意点をしっかり守って実施するという前提では、ブレストは非常に有効です。

◆ KJ法

　KJ法は、文化人類学者の川喜田二郎によって開発された技法で（KJは川喜田二郎の頭文字）、情報の組み合わせによる発想法です。雑多なデータをもとに仮説をまとめたり、さまざまな側面を検討しながら全体像を組み立てたりすることに向いています。

KJ法は、以下のような手順で進めます。

① データの抽出
　テーマに関連した現象の観察、調査データをできるだけ具体的に挙げます。KJ法を始めるまえに、ブレイン・ストーミングによってテーマに関係のありそうな情報・アイデア・知識などをすべて抽出し、カードに書き込むようにします。

② アイデアのグループ化
　カード化されたデータをバラバラにし、カードの中から共通項を見つけ、カードを小グループにグルーピングします。次に、相互の共通性・親近性で括ります。既存の意味や概念で分類してはいけません。むしろ常識に反しても構いません。

③ タイトル付け
　各カード群に、共通分類基準を見つけタイトルを付けます。タイトルは名詞化せず、内容を具体的に説明できるものにします。

④ グループ化を繰り返す
　次に「小グループ」→「中グループ」→「大グループ」というようにそのグループ同士を編成していきます。

⑤ 図解化
　グループ化されたカードを、グループ間の関係を明確にするために、模造紙などに貼り付け、図解していきます。さらに配置を整え、グループ間の共通点などを考え、図解化します。各グループの関係を図式化してみると、位置関係や相互の関係がはっきりし、それを要約できる別の「表現」が可能になることもあります。

⑥ 文章化

最終的に図解を見ながら全体を構造化し、テーマとした事がらの内容・本質を文章化していきます。それらの関連（図解化）の配置の意味をよく考え、文章化、また、それらをじっと眺めながら新しいアイデアを出していきます。

そして論理的な関係が成り立つようにカードを配置し、それを図解化します。この段階でアイデアの出発を促すような、複雑すぎず親近性はありますが、質的にはある程度異なる「基本的発想データ群」があらわれてきます。これをもとに図を文章化します。

◆ チェックリスト法

発散技法の最後に紹介するのは、**チェックリスト法**です。

チェックリストとは、あることを考えるときに抜け落ちがないように、1つずつチェックしていくための一覧表です。頻繁に出張するビジネスパーソンは、髭剃り、PC、筆記具など携行品をチェックリストにしていることでしょう。ただし、こうしたチェックリストは、ミスを防ぐための消極的な活用方法です。

それに対しオズボーン（ブレイン・ストーミングの考案者でもあります）が考案したチェックリスト法は、解決策の立案のためのアイデア出しなど、積極的な目的のためによく活用されます。

チェックリスト法にはいろいろなやり方がありますが、オズボーンが開発したのは図表7-3のような9項目のチェックリストです。ある対象、たとえばマッチについて、9項目につい

て検討していきます。

図表7-3　オズボーンのチェックリスト

		例（マッチ）
①転　用	そのままで新用途は、他への使い道は、他分野へ適用は	着火用→マッチ棒の家
②応　用	似たものはないか、何かの真似は、他からヒントを	はし立て→円筒型マッチ
③変　更	意味、色、働き、音、匂い、様式、型を変える	四角→丸・三角型マッチ
④拡　大	追加、時間を、頻度、強度、高さ、長さ、価値、材料、誇張	大マッチ
⑤縮　小	減らす、小さく、濃縮、低く、短く、軽く、省略、分割	ミニマッチ
⑥代　用	人を、物を、材料を、素材を、製法を、動力を、場所を	木→紙マッチ
⑦再利用	要素を、型を、配置を、順序を、因果を、ペースを	軸入れの場所変え
⑧逆　転	反転、前後転、左右転、上下転、順番転、役割転換	超豪華マッチ
⑨結　合	ブレンド、合金、ユニットを、目的を、アイデアを	占いマッチ

（日本創造学会ホームページより）

　第4章で紹介した「不」から考えるというのも、ある種のチェックリスト法と言えます。

第5節　モチベーションを高める

◆ モチベーションの条件

　効果的なチーム活動を行うための4つ目のポイントは、メンバーの**モチベーション**（motivation 動機付け）です。人が一定の方向や目標に向かって行動する内的な心の動きのことをモチベーションと言います。

　人間は、良くも悪くも感情の動物です。モチベーションが高いときには信じられない素晴らしい力を発揮しますが、逆にモチベーションが低いときには高い能力を持っていてもあまり成果が上がりません。チーム・リーダーは、メンバーのモチベーションを高めるよう働きかけていく必要があります。

　モチベーションをどう高めるか、どう維持するかは、それだけで1冊の本になる大きなテーマで、ここで詳述する余裕はありませんが（深く学びたい方は、拙著『変革するマネジメント』をご参照ください）、まず大切なのは、モチベーションを構成する基本要因を理解し、バランスよく働きかけることです。

　職場において人のモチベーションが高まる要因は、大きく「環境」「仕事」「評価」「報酬」という4つに分類できます。人は、ある環境の中で仕事を行い、評価を受けて、報酬を与えられます。その1つひとつの局面でモチベーションの水準を変えるということです。

　過去の代表的なモチベーションの理論・学説をこの4つに当てはめると、図表7-4のようになります。

第7章　チームによる問題解決

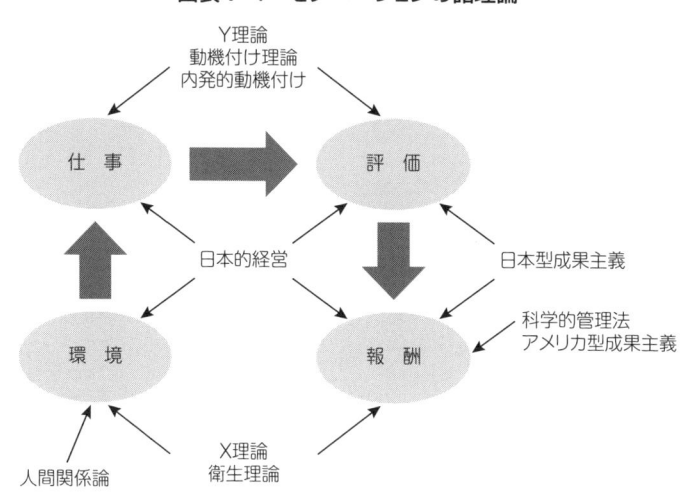

図表7-4　モチベーションの諸理論

```
          Y理論
          動機付け理論
          内発的動機付け
              ↓              ↓
         [仕 事] ⇒ [評 価]
           ↑  ↖         ↑  ↖
           |    日本的経営    日本型成果主義
           ↑              ↓
         [環 境]       [報 酬] ← 科学的管理法
           ↑       ↑              アメリカ型成果主義
                   |
       人間関係論  X理論
                  衛生理論
```

　どの要因が重要であるかは、チームによって、あるいはメンバーによってまちまちです。まずチーム・リーダーは、メンバーの心理状態や活動状況、チームの環境などを把握し、4つの要因が適切な状態になっているかどうかを確認します。そして、どれか1つに偏るのではなく、4つをバランスよくレベルアップさせるように努めます。

◆ 仕事で人を動機付ける

　環境・仕事・評価・報酬という4つの要因の中でもとりわけ重要で、チーム・リーダーがなかなか実践できていないのが、仕事による動機付けでしょう。
　新約聖書に「人はパンのみにて生くる者にあらず」という言

葉があるように、私たちは、報酬や環境もさることながら、自分の能力を発揮できる創造的・挑戦的な仕事に取り組むことにやりがいを見出します。逆に、仕事に不満を感じると、報酬・環境などその他の要因が満たされていても、モチベーションを低下させてしまいます。

現実にチーム・リーダーは、職場の責任者として職場の環境を整備することや人事考課者として公正な評価をすることには気を使いますが、仕事については無頓着なことが多いようです。「この仕事は本部長がやれって言ってるんだ。つべこべ言っていないで、さっさとやれよ！」という乱暴な仕事の与え方をして、逆に有能な部下のモチベーションを低下させている場合も珍しくありません。

リーダーは、漫然とメンバーに仕事を与えるのではいけません。適材適所だけでなく、仕事がモチベーションを左右する最大の武器であることを認識し、以下のように明確な意図を持った仕事の与え方をすると良いでしょう。

- 本人の適性・希望・能力水準などを勘案し、創造的・挑戦的な仕事を与えます。図表7-5のように、100％達成が見通せる仕事でも、まったく（0％）達成が見通せない仕事でも達成意欲、モチベーションは高まりません。能力をフルに発揮して達成できるかどうか、という適度に挑戦的な仕事を与えます。

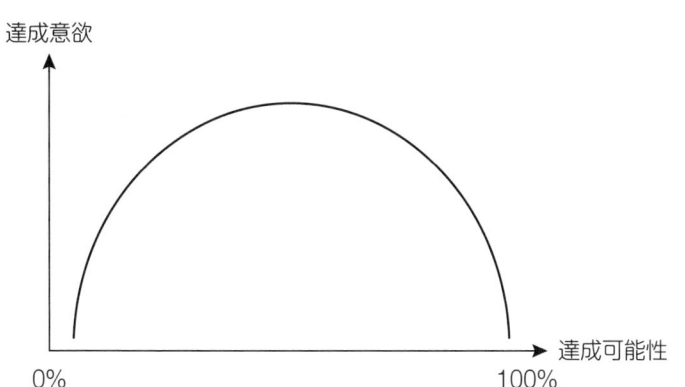

図表 7-5　見通しと達成意欲

達成意欲

達成可能性
0%　　　　　　　　　　　　　　　　　　100%

- その仕事の意味や会社全体の中での位置づけをメンバーに理解させます。メンバーが担当する業務は組織の活動全体の一部分に過ぎませんが、仕事をすることの意味や全体の中での位置づけがわかり、適度な見通しが立つと、モチベーションが高まります。
- メンバーが工夫をする余地を与えます。仕事を進める手順や使用するリソースを上司によって逐一決められた状態では、モチベーションは高まりません。どのように問題解決に取り組むかという計画段階に参加させるなど、本人の考えを反映させる機会を作るのは効果的です。
- 本人のキャリアと仕事の関連を示します。とくに若手のメンバーの場合、初歩的な単純作業でも、将来のキャリア開発のステップとして重要な意味を持ちます。本人のキャリアを勘案し、担当業務がキャリア開発とどう関連するのかを示すようにします。
- 勝ち戦を経験させるようにします。とくに若年層は、仕事

で成功体験を得ると、仕事に対する不安が和らぎ、より挑戦的な問題に自発的に取り組むようになります。そのためにリーダーは、良い仕事を与えるとともに、与えっ放しではなく、進捗を適宜フォローするようにします。

　これらの留意点は、職場の状況や個々の従業員によって大きく異なるはずです。チーム・リーダーは、職場環境や部下の特徴をしっかり把握した上で、仕事の与え方について自分なりのリストを作っておくと良いでしょう。仕事を与えるとき、そのリストを少しでも振り返ると、大きな効果があります。

第7章　チームによる問題解決

第6節　リーダーシップを発揮する

◆ リーダーシップを発揮する

　本章の最後に強調したいポイントは、チーム・リーダーのリーダーシップです。

　チームには、中心になってチームを引っ張るリーダーとリーダーの導きに従って行動するメンバーがいます。リーダーが目的を達成するためにメンバーに働きかけることを**リーダーシップ**と言います。

　リーダーが優れたリーダーシップを発揮すれば、良いチーム活動が行われ、良い問題解決が実現します。リーダーシップが不適切だと、ここまで紹介した4つのポイントがうまくいっているとしても、良い問題解決はできません。問題解決を進める上で、リーダーシップは極めて重要です。

　問題解決に限らず、チーム・リーダーは2つの役割を果たします。1つは、チームが進むべき方向を決断すること、つまり「決める」こと、もう1つは、決めたことを実現するためにメンバーなど関係者を巻き込んでいくこと、つまり「導く」ことです。

　リーダーの役割については、いろいろな学者・実務家がいろいろなことを主張していますが、表現の違いはあれ、大きく「決める」ことと「導く」ことの2つに集約されるのではないかと思います。

◆ リスクを取って決める

　チーム活動による問題解決で、「決める」場面でよく起こる間違いは、どういう課題に取り組むべきなのか方向性がまとまらない、たくさんの解決策の中からどれに取り組むのか結論が出ない、という状態です。

　分析作業は、メンバーで適切に役割分担をすることによって、効率的に進みます。議論が深まり、多面的な良い検討をすることができます。しかし、どれだけ分析しても、検討を深めても、取り組む課題を決め、解決策を決めて実行しないと、問題を解決することはできません。

　チーム活動によって、一般に決定の質は高まりますが、そもそも「決める」ということについて、チームは必ずしも効率的ではありません。メンバーの考え方や利害が対立し、複雑な調整が必要になるからです。

　浜野さんは、化学メーカー・大和化学の中央研究所で第3研究室の室長をしています。近年、新興国メーカーの供給力増強で化学品の製品価格が下落し、大和化学の収益は悪化しています。社長は、研究所に対し、研究予算を削減した上、基礎研究よりも新商品開発に直結する応用研究を強化するよう要請しています。

　浜野さんは、今後の研究室の運営についてメンバー8人に意見を求めました。すると、「社長方針が出たんだから、当面は基礎研究を凍結すべきだ」という意見が出た一方、「大学の研究室や役所との関係などがあり、簡単に方針を変えることはできない」「いったん基礎研究を中断すると、再開するのが難しい。基

礎研究と応用研究を両立させる方向で考えるべきだ」といった意見も出てきました。

　結局、メンバーの多様な意見を集約することができず、社長方針から2か月たっても、第3研究室の運営は依然として変わっていません。浜野さんは、そもそもメンバーの意見をどこまで聞くべきだったのかと反省しています。

　チーム・リーダーは、メンバーの意見をよく聞いて発散的に検討しますが、ある程度意見が出尽くしたら、主体的に決定しなければなりません。

　ある課題、ある解決策を取り組もうと決めるのは、他の課題・他の解決策には取り組まないと棄却することです。慎重に検討を重ねても、「本当にこれで良いのだろうか？」と迷います。決定にはリスク（不確実性）が伴うのです。

　リスクとは何なのかについては第8章で検討しますが、一般にメンバーは決定権限を持っていませんので、リスクを取って決めることはできません。リーダーが責任を持って決める必要があるのです。

◆ メンバーへの働きかけと協創

　チーム・リーダーが自分で決めたことを自分で実行してしまったら、チーム活動ではありません。リーダーは、メンバーが問題解決に向けて取り組むよう働きかけていく、つまり「導く」必要があります。

　「導く」ことの内容は多岐に渡りますが、メンバーとのコミュニケーションを深めることや先ほど紹介したモチベーションを

高めることが大切です。

ここで一点強調したいのは、**コンフリクト**（conflict 摩擦・軋轢）への対応です。

複雑な問題に取り組むチーム活動で、現状を大きく変える革新的な解決であるほど、変革に抵抗する勢力が現れます。目標の不一致、利害の対立、認識の相違といったコンフリクトが発生します。たとえば、リーダーは今までの仕事の進め方を抜本的に変えようと旗を振っても、メンバーが今までのやり方を維持したいと抵抗するのが、典型的な例です。

チーム・リーダーは、コンフリクトの解消に努めます。ケネス・トーマスとラルフ・キルマンによると、コンフリクトの解消は、自己主張性と協力性という2つの次元で捉えることができます。自己主張性は、コンフリクトの当事者がどれだけ自己の利害充足を重視しているか、協力性は他者の利害充足による関係性維持に配慮しているか、というものです。

この2つの軸によって、コンフリクトの解消は、「回避」「競争」「妥協」「順応」「協創」の5つに分類されます（図表7-6）。

トーマスとキルマンによると、「**協創**」が最も好ましいアプローチです。つまり当事者が考え方の違いを主張しながらも、お互いが解決に向けて協力することによって、創造的にコンフリクトを解消するのです。

優れたチーム・リーダーは、コンフリクトを直視し、コンフリクトの発展的な解消に全力を尽くします。

経営危機に陥った日産自動車に1999年仏ルノーから送り込まれたカルロス・ゴーンは、当時の日産の系列取引、技術偏重、部門間の壁、労使関係などに疑問を呈し、次々と改革を進

第7章 チームによる問題解決

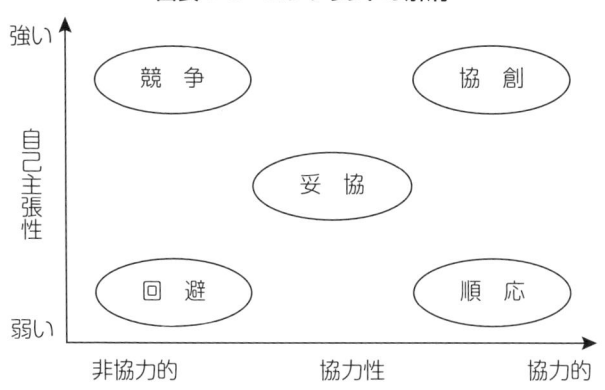

図表 7-6　コンフリクトの解消

縦軸：自己主張性（強い〜弱い）
横軸：協力性（非協力的〜協力的）

- 競争（強い・非協力的）
- 協創（強い・協力的）
- 妥協（中央）
- 回避（弱い・非協力的）
- 順応（弱い・協力的）

出典 Kenneth Thomas,'Conflict and Conflict Management'

めました。黒船よろしくコンフリクトを引き起こしたのですが、そのゴーンが何より重視したのは、従業員との対話でした。ゴーンは着任から代表に就任する前に600人以上と直接対話し、お互いの考えを確認したそうです。

　従来は、コンフリクトが組織にもたらす混乱を懸念し、いかにしてコンフリクトを未然に回避するかに重点が置かれていました。しかし、近年はチームを創造的に変革する契機として、コンフリクトを積極的に評価する見方が増えています。

　コンフリクトがない安定したチームは、リーダーやメンバーが既存のやり方・考え方に過剰適応している可能性があります。リーダーがメンバーに揺さぶりをかけてコンフリクトを起こし、それをメンバーが正面から受け止めて、対立点を明らかにしながらも協力して解消することによって、チームが大きく成長・発展するのです。

【第7章のまとめ】

1. 社会人は、チームで問題解決に取り組むことがたくさんあります。チームシナジーを実現し、個人では実現できない大きな問題を解決できるのが、優れたチーム活動です。
2. メンバー間で問題認識を共有することが、チーム活動の出発点です。あるべき姿の意思統一では、異端の意見も幅広く取り入れるようにします。
3. メンバーの特徴を踏まえて、比較優位を考慮して役割分担をします。
4. メンバーが協力して、ブレイン・ストーミングやチェックリスト法などの発散技法で解決策を立案します。ブレイン・ストーミングは時間を区切って実施します。
5. メンバーのモチベーションが高いと、良い問題解決ができます。「環境」「仕事」「評価」「報酬」にバランス良く働きかけることが大切ですが、とくに「仕事」でうまく動機付けることを意識します。
6. 最終的に、リーダーシップの良し悪しが問題解決を左右します。「決める」ことと「導く」ことがリーダーの役割です。
7. 問題解決で発生するコンフリクトを正面から受け止め、協創できると、チームが発展・成長する契機になります。

第7章 チームによる問題解決

【学習課題】
1．チーム活動で問題解決を進める機会がたくさんありますか。
2．あなたの職場やチームの活動は活発で、チームシナジーを実現できていますか。
3．チームは問題認識、とくにあるべき姿を意思統一できていますか。異端を排除せず、幅広い意見を取り入れるような話し合いができていますか。
4．メンバー間の役割分担は、適材適所になっていますか。比較優位に基づく適切な役割分担ができていますか。
5．ブレイン・ストーミングをする習慣がありますか。時間を区切って実施しているかどうか、確認してください。
6．チーム・メンバーやあなたは、モチベーションが十分に高いでしょうか。高くないとしたら、環境・仕事・評価・報酬のどこに問題があるでしょうか。
7．リーダーは、「決める」ことと「導く」ことができているでしょうか。チームにはどのようなコンフリクトがありますか。コンフリクトをチームの成長につなげることができていますか。

第8章
問題解決力を高める

より良い問題解決をするためには、問題解決力を高める必要があります。問題解決力とはどのようなもので、どう高めれば良いのでしょうか。この章では、問題解決に必要なスキルやマインドのあり方とその高め方を紹介します。

第 1 節　問題解決力とは？

◆ 問題解決力のある人、ない人

　私たちの身の回りには、問題解決がうまい人と下手な人がいます。

　問題解決がうまい人は、直面する問題をしっかり解決し、快適な生活をしています。また、自ら発展的な問題を発見・解決し、問題解決を通して成長します。

　問題解決が下手な人は、問題がいつまでたっても解決されず、不便・不満を感じながら生活しています。問題が生活や心の重荷でありつづけ、成長を妨げます。

　他人のことを心配する前に、皆さん自身はどうでしょう。問題解決がうまいですか、下手ですか。

　問題解決がうまい人と下手な人の差は、一言で言うと問題解決の能力、つまり問題解決力の違いです。問題解決力を身に付け、発揮できるかどうかです。問題解決力とその発揮によって、私たちの人生はまるっきり変わってきます。

　問題解決の達人を見て、私たちは「うらやましいなぁ」と思います。しかし、そういう人でも、歴史に名を残す偉人を含めて、若い頃から問題解決力が高かったわけではありません。試行錯誤を繰り返し、年月をかけ、段階的にレベルアップしているのが実態です。問題解決力は、訓練と経験によってレベルアップさせることができるのです。

　最後の第 8 章では、そもそも問題解決力とはどのようなもので、どのように高めていけば良いのか、ということを検討しま

しょう。

◆ 近代日本最大の問題解決

　問題解決力とはいったい何で、どのように高めれば良いのでしょうか。この疑問について考えるに当たり、近代日本における最大の問題解決である幕末の開国問題とそれを解決した井伊直弼の問題解決力について紹介しましょう。

　安政5（1858）年、アメリカ総領事のハリスは、井伊直弼が率いる幕府に対し通商条約の締結を迫りました。イギリスとフランスが中国・清を支配下に置いた余勢を駆っていずれ日本に来るはずなので、その前にアメリカと通商条約を結べば、アメリカが英仏との調停役を引き受けるとのことです。

　しかし、国内では、時の孝明天皇は大の外国嫌いで、容易に勅許（天皇からの許可）が下りそうにありません。しかも、水戸藩の徳川斉昭が諸外国を排除する攘夷論を強硬に主張し、朝廷を攘夷論でまとめ上げてしまいました。

　攘夷すれば国内政治は安定しますが、諸外国との関係は決定的に悪化します。開国すれば国家の安全保障は保たれますが、倒幕の動きが加速します。どちらを選んでも無傷ではいられない、八方塞がりの状況です。

　ハリスへの返答の期限が迫り、井伊は独断で条約締結を決めました。攘夷か開国か、幕藩体制の維持か国家の安全保障か、考えに考え抜いた挙句の決断でした。

◆ リーダーの決断とは

　もし井伊直弼が朝廷・尊皇攘夷派の圧力に屈して、開国をせず、欧米列強を排斥しようとしていたら、どうなったでしょうか。いくら勇ましく攘夷を叫んでも、当時の日本が欧米列強とまともに戦えるはずなく、簡単に蹂躙(じゅうりん)されたに違いありません。お隣の中国大陸では、17世紀頃まで世界全体のGDPの5割以上を占めていた超大国の清が、阿片戦争でイギリスに屈し、事実上植民地化されていました。井伊が対応を間違えれば、日本も欧米列強に植民地化されたことでしょう。

　後の太平洋戦争の開戦時、東条英機ら政府・軍の首脳は、諸情報から「アメリカと戦って勝てるわけがない」と明確に認識していました。しかし、対米強硬論を唱える陸軍の若手将校が暴発寸前だったため、「クーデターを防ぎ、天皇制を維持するためには、まだ国力が残っているうちに戦いに打って出るしかない」という、何とも倒錯した悲劇的な決定に至りました。井伊と違って昭和のリーダーは、国内の圧力を抑えきれず、破滅への道を突き進んでしまったのです。

　19世紀後半に欧米列強への対応を誤り、(半)植民地化されてしまった中国や東南アジア諸国は、その後百年に渡って世界の近代化の波から取り残されてしまいました。この歴史的事実を冷静に振り返るとき、とにもかくにも井伊が朝廷や攘夷派を抑え込んで開国し、日本が植民地化されずに独立国家を保つことができたのは、近代日本の重大な分岐点でした。安易な世論や政治的圧力に屈せず、正しい問題解決で日本という国家を救ったという点で、井伊は歴史に輝く偉大なリーダーなのです。

第8章　問題解決力を高める

◆ 平時の研さんが有事の決断を生む

　近代日本最大の問題に直面した井伊直弼が、なぜ圧力に屈せず、大局的に正しい決断をすることができたのでしょうか。それ以前の平時の研さんにカギがあると思います。

　重大な問題について正しい決断をするには、高度な知識や判断力、さらに人間力などが必要です。当然ながら、有事を直面して大慌てしてもだめで、それまでにしっかり研さんし、知識・判断力・人間力などを高めておく必要があります。

　井伊は、まだ彦根藩主になる前の部屋住み時代から、手当たり次第と言っていいくらい、いろいろなことに興味を持って学びました。若い頃の日記『埋木舎の記』によると、井伊は、和歌、茶の湯、能面作り、乗馬などに興じる一方、「余は一日四時間眠れば足りる」とし、寝る間を惜しんで文武の研さんに励んでいます。のちに腹心となる長野主膳から国学を、さらに曹洞禅、儒学、洋学を学び、リーダーとして活躍する上での基本的な知識・考え方を修得しました。

　後に彦根藩主になると、井伊家の伝統で将来は幕政に参画することを意識し、幕府の立て直し、とくに外交を立て直すことを目指します。そして、欧米列強や日本を取り巻く状況について情報収集を始めました。

　海に面していない彦根に生まれ育ちながら、井伊が明快な外交戦略で日本を危機から救うことができたのは、若い頃からの努力の賜物でした。井伊家の館には、直弼の遺品と言われる大量の洋書や世界地図が残されています。

　私たちは、問題に直面したとき、いわゆる有事にどう対応し

たのかにだけ注目しがちです。しかし、井伊の人生の歩みから明らかなように、平時に地道な研さんを積み、問題解決力を高めておくことによって、有事で優れた問題解決を実現できるのです。

◆ 知識・情報、スキル、マインド

　問題解決力には、いろいろな考え方・整理の仕方があります。井伊の問題解決を振り返ると、問題解決力は、①問題の内容に関する知識・情報、②問題解決のスキル、③問題解決のマインドに大別することができましょう。

① 問題の内容に関する知識・情報
　井伊の場合、外交に関する知識や諸外国の情報を持っていたため、良い判断ができました。経理部門の担当者が経理処理に関するトラブルを解決しようと思ったら、まず簿記や企業会計原則など経理業務に関する基本知識が欠かせません。また、会社の業務ルール、経理システム、関連業務の内容などについて知識・情報がないと、解決できません。問題の内容・領域に関する基本的な知識・情報は、問題解決のために必須です。
② 問題解決のスキル
　井伊は、知識・情報だけでなく、国内外のさまざまな関係者の意見を勘案し、ベストの解決策を探るなど、問題解決のプロセスに卓越していました。数学の公式を記憶していても、問題の解き方を知らないと、数学の試験で良い点を取ることはできません。複雑な問題を解決するには、問題解決のスキル、つま

③ 問題解決のマインド

　井伊は、朝廷や攘夷派とのコンフリクトを恐れず、最終的に自分の責任で決断し、事態の収拾を図りました。よく問題に関する知識・情報や問題解決スキルがちゃんとあっても、重要な問題があることを見過ごしてしまったり、解決策が見えているのに決めきれなかったりして、問題解決に至らないという人がいます。そういう人は、知識・スキル以前に、問題に取り組む姿勢あるいはマインドに問題があります。知識やスキルが生きるかどうかは、姿勢・マインドによるのです。

◆ 3つのバランスが大切

　問題解決力を高めるには、この知識・情報、スキル、マインドという3つのバランスが大切です。ここで大切なのは、3つは足し算ではなく、掛け算の関係にあると心得ることです。

問題解決力＝知識・情報×スキル×マインド

　3つのうちどれか1つでもゼロだと、全体の問題解決力はゼロになってしまい、良い問題解決は実現しません。優れた問題解決をするためには、3つをバランス良く伸ばしていく必要があります。

　私たちは、学校や職場で①について学んできました。①は問題の内容やその人の状況によってまちまちですので、本書では

割愛しています。本書で第7章まで検討してきたのは、主に②の問題解決のスキルです。

　この章では、以下に②の問題解決のスキルのうち、ここまであまり触れなかったフレームワークを紹介し、さらに③の問題解決のマインドのあり方と、最後に問題解決力の高め方を検討します。

第2節　問題解決のためのフレームワーク

　第3章の状況分析や第6章の解決策の立案では、ゼロベースで考察するのが基本です。しかし、有効性が証明されているフレームワークをうまく活用すると、効果的・効率的な問題解決が実現します。

　ビジネスでよく用いる代表的なフレームワークには、以下のようなものがあります。

SWOT分析

　組織や個人の内外の環境を分析するフレームワーク。内的な強み（Strength）と弱み（Weakness）、外的な機会（Opportunity）と脅威（Threat）を包括的に列挙します。第3章を参照してください。

ヒト・モノ・カネ

　リソース（経営資源）の分類。これに「情報」「技術」が加わることもあります。問題解決策を実行するには、リソースが必要です。どのようなリソースが必要で、何が自社で足りないのか、このフレームワークで確認します。

QCD

　製品・サービスを提供するときの効果は、Quality（品質）、Cost（価格）、Delivery（納期）の3つの視点から評価します。需要の3要素とも呼ばれます。とくに製造業では、顧客満足を

高めるために、多くの企業がQCDを総合的に高めるよう努めています。

やっかいなのは、QCDのバランスを取るのが難しいことです。Qualityを徹底的に高めると、コストアップになったり、納期が遅れたりします。あるいは、徹底的にコストを切り詰めると、品質がおろそかになったり、納期遅れになったりします。このように、3要素はトレードオフ（二律背反）の関係にあることに注意を要します。

3C

事業の問題点を考える際には、3Cが基本になります。3Cとは、Company自社、Customer市場・顧客、Competitor業界・競合です。とくに新規事業を始めるときなどは、3C分析で以下の質問に答えるのは必須です。

- 自社の経営資源で事業を実施できますか？
- 市場は成長していますか？ 十分な需要・顧客を見込めますか？
- どのような企業と競合しますか？ 競合の事業戦略は当社にとって脅威になりますか？

4P

マーケティングの展開は4Pで検討します。4Pとは、Product製品、Price価格、Promotion販売促進、Place経路・チャネルです。

4Pのことをマーケティング・ミックス（marketing mix）

と言います。1つひとつのPを整えるのもさることながら、顧客に価値を提供するために、4つの要素がミックスとして統合されていることが重要です。

5フォース

業界の構造を検討する場合、5フォースが有効です。5フォースは、「新規参入の脅威」「代替品の脅威」「買い手の交渉力」「売り手の交渉力」「既存業者間の敵対関係」で、この5つの要素で業界の魅力度合いが決まります。

PEST

組織から見て統制不可能な外部要因のことをマクロ環境と言い、環境要因は、Politics（政治・法規制）、Economy（経済）、Society（社会）、Technology（技術）に分類できます。

近年、中古品流通ビジネスや介護ビジネスのような新しいビジネスが広がっていますが、こうした世の中の大きな変化は、3Cよりも、PESTの変化によって生まれます。

AIDMA

消費者の購買行動のモデル。商品・サービスに注目し（Attention 注意）、興味を持ち（Interest 関心）、購買欲求を持ち（Desire 欲求）、欲求を記憶し（Memory 記憶）、購入する（Action 購買）というプロセスを踏みます。

商品が売れないという場合、企業側から見ると4Pが問題であり、消費者の側から見ると、購買に至るまでのAIDMAのどこかに障害があったということになります。

7S

　組織の内部分析において有効なフレームワークが、マッキンゼーが開発した7Sです。組織を改革するときなど、7Sを包括的に分析すると良いでしょう。

①　Strategy 戦略：競争優位の源泉、事業の優先順位
② 　Structure 組織：基本的な組織形態、分業のあり方、部門間の相互関係・パワー
③ 　System システム：事業を管理する仕組み
④ 　Style スタイル：意思決定の方法、管理者の行動様式
⑤ 　Staff 人材：組織構成員の人数・職種・職位、採用・育成
⑥ 　Skill スキル：組織構成員の能力、組織への蓄積
⑦ 　Shared value 価値観：自社の存在意義、ビジョン、組織構成員の関心

　なお、企業の公式的な側面に関する①②③を"ハードの3S"、人など非公式な側面に関する④⑤⑥⑦を"ソフトの4S"と呼びます。どうしても目に付きやすい"ハードの3S"に注目しがちですが、組織を変えるには、阻害要因になっている"ソフトの4S"にも対処することが大切です。

　この他にも、有用な問題解決のフレームワークはたくさんあります。ビジネスでよく使うフレームワークについては、井口・井原・日沖『経営戦略のフレームワークがわかる』を参照してください。

第3節　問題解決のマインド

　問題を発見し、解決する上で、好ましいマインドがあります。ここでは、歴史上の偉人や名経営者など問題解決の達人に共通するマインドを5つ紹介しましょう。

◆ 批判精神

　第1は、批判精神です。

　人間心理の一般的な傾向として、**保有効果**（endowment effect）があります。財産・家庭・仕事・人間関係など自分が現在持っているものを高く評価し、それを失うことによる損失を強く意識しすぎて、手放したくないと考える傾向です。

　保有効果が強い人は、未知の事がら、未経験の事がらを受け入れず、現状のままでいたいと考えがちです。これを**現状維持バイアス**（status quo bias）と言います。住んでいる家、勤務している会社、付き合っている友人などをベストのものだと考えます。現状を批判的に見ようとせず、現状をあるべき姿として受け入れる状態です。

　問題とは現状とあるべき姿のギャップですから、保有効果の強い人、あるいは現状維持バイアスのある人は、問題を問題と感じない、問題意識が低い、ということになります。もちろん、「知らぬが仏」で心の平穏を保てるというメリットはありますが、問題解決を通してより良い生活をし、自身が成長する貴重なチャンスを拒否していることになります。

　現代でも、現状維持的な発想で小さな成功を収める人はたく

さんいますが、大きな成功をする人は、ほぼ例外なく、現状に対して批判的な姿勢を貫いています。

私たちは、現状を当たり前と思わず、批判的に見ることを心がけたいものです。現状は一時の仮の姿であると考え、独自の視点を持ち、ゼロベースであるべき姿を考えるようにします。

◆ ファクト志向

問題解決の2つ目の好ましいマインドは、ファクト志向です。あるいは現場志向・現場主義と表現することができます。

先ほどの批判精神がどちらかというと概念的な思考面での問題発見の姿勢であるのに対し、ファクト志向というのは、実践的な活動面での姿勢です。

概念的に考えて、これといった問題が見つからなくても、現場に足を運んで事実を観察すると、思わぬ問題に気づいたりします。問題の発見だけでなく、解決策の立案でも、現場で起こっている事実の中に大きなヒントが隠されているものです。

梅棹忠夫は, 京都大学理学部で動物学を専攻する一方, 山歩きをはじめ, ポナペ島や大興安嶺などで学術探検をはじめ、1955年には戦後わが国初の本格的な海外学術調査である京都大学カラコラム・ヒンズークシ学術探検隊の一員としてアフガニスタンの奥地で調査を行いました。

このアフガニスタン調査の帰路は、ドイツの研究者らとパキスタンと北インドを通り, カルカッタまで縦断する車の旅でした。この旅で「中洋」を経験した見聞から、「西欧文明と日本文明は平行進化を遂げた」という比較文明論を提唱し、世界的に

大きな反響を呼びました。梅棹はその後も, 東南アジア, 東アフリカそしてヨーロッパ各地で精力的に学術調査を重ね、『狩猟と遊牧の世界―自然社会の進化』(1976年) において, 動物の群れに人間集団が共生・結合したという遊牧起源論と牧畜の多起源論を展開しました。これは世界に類を見ない独創的な牧畜社会の人類史理論として, 高い評価を受けています。

　梅棹は、「自分の足で歩き、自分の目で見、自分の頭で考える。それが学問です」という名言を残しています。これは、学問だけでなく、問題解決にも当てはまると思います。

　私たちは、意気込んで複雑な問題に取り組んでも、すぐに壁にぶち当たり、意気消沈してしまいます。そういうとき、頭で考え抜くことも大切ですが、問題を発見したかったら現場を歩く、解決策が見つからなかったら事実を見る、というのも有効な打開策です。

◆ リスクを取って決める

　３つ目のマインドは、リスクテイクです。

　複雑な問題や経験のない新しい問題を解決するには、今までのやり方とは違った斬新な解決策を立案・実行する必要があります。とくに、ビジネスでは、他社と違ったやり方を工夫しなければ競争に勝てません。

　ところが、今までのやり方、他社のやり方と違うことをするのは、なかなか勇気が要ることです。新しいやり方、違ったやり方にはリスクがあり、本当にそれで大丈夫なのか、確信が持てません。

リスクというと、私たちは「危険性」という訳語を思い浮かべますが、経営学やファイナンスの世界では「不確実性」と考えます。つまり、新しいやり方、違ったやり方は、うまくいけば大きな成果が生まれますが、失敗すると問題解決ができないばかりか、損害が発生したりします。成果の不確実性が大きいわけです。

　人間には、リスクを回避し、安定的に物ごとを進めたいという基本的な欲求があります。問題解決策の選択では、どうしても安全確実な手堅い手段を選び、結果として、現状と何も変わらないという残念な結果に落ち着きがちです。しかし、良い問題解決をするには、何らかの**リスクテイク**をする必要があります。

◆ リスクテイクがリーダーの役割

　やっかいなのは、誰も進んでリスクを取ろうとしないことです。とくにチームによる問題解決では、メンバーが進んでリスクを取ることはなく、「誰かがやってくれるだろう」と様子見の状態になりがちです。リスクテイクは、リーダーの責任ということになります。

　もちろん、闇雲にリスクテイクをすれば良いというわけではありません。事前に問題の状況や解決策の影響をしっかり精査し、どの程度のリスクがあるのかを明らかにし、マイナス面のリスク（ダウンサイドリスク）が発現したらどう対処するかを決めておきます。

　先ほどの井伊直弼もそうですが、ビジネスでも大きな飛躍のきっかけは、リーダーによる大胆なリスクテイクの結果です。ホ

ンダの本田宗一郎は、国内自動車業界の過当競争を懸念する旧通産省の威嚇的な制止を振り切って、自動車ビジネスに進出しました。出光興産の出光佐三は、イギリスの猛反発にひるまず、日章丸でイラン原油を輸入し、日本が産油国と直接取引をする道を開きました。

　良い問題解決の本質は、適切なリスクテイクです。リスクテイクというと、博打打ちのような思い切りの良さが強調されますが、そうではありません。冷静に環境を分析し、綿密に解決策を考え抜き、しかし、最後は「エイッ」と決める―。闇雲な博打ではなく、合理的なリスクテイクが大切です。

◆ ぶれない基軸で決める

　4つ目のマインドは、ぶれない基軸です。

　複雑な問題解決では、第6章で紹介したように何らかの決定をしなければなりません。また、第7章で検討したように、解決策を実施する過程で抵抗勢力とのコンフリクトに対処しなければなりません。この決定やコンフリクトへの対応で大切なのが物ごとを考える軸、基軸です。とくに、「決める」ことと「導く」ことをしなければならないリーダーは、確固たる基軸を持ち、基軸に則って判断・行動する必要があります。

　意思決定の中でも、「あっちを立てればこっちが立たない」という中で下す決定を**決断**と言います。良い決断をするには、解決策の損得を冷静に分析することや先ほど説明したリスクテイクもさることながら、自分なりの判断の基軸、あるいは少し大げさに言うと哲学を持つことが大切です。

機械メーカー、森川製作所には改善の見込みが薄い不採算の工場があります。森川社長は、会社の利益を優先して工場を閉鎖し、海外移転するか、従業員の雇用維持を重視して国内で操業を続けるかを迷っています。
　ここでの森川社長の決断は、損得（利益が増えるか、減るか）よりも、次のような質問への社長自身の答えによって決まってきます。

　「事業とは、会社とは、いったい何だと考えていますか？」
　「事業経営をすることによって、あなたは何を実現したいですか？」
　「株主・従業員・顧客・地域は、企業経営にとってどういう存在ですか？」

　これらの問いへの回答に、絶対の正解はありません。社長自身の価値基軸、つまり究極的に何を大切にするかという価値観・哲学が反映されるのです。

◆ 基軸を見て人が付いてくる

　ぶれない基軸は、解決策を実行する場面でも重要です。複雑な問題を解決するには多くの関係者の協力を得る必要がありますが、十分な協力を得られるかどうかは、関係者が価値基軸にどれだけ共鳴するか、という点によって決まってきます。
　森川社長は、工場を閉鎖し、海外に移転することを決断しました。会社が長期的に存続し、グローバルなプレイヤーになる

ためには、生産拠点も従業員もグローバル化する必要があると考えました。

　国内の職場がなくなる従業員・労働組合は、当初、森川社長の方針に猛反発しました。しかし、配置転換や海外勤務などによって雇用が失われるわけではなく、従業員にはグローバルな拠点でより幅広い活動をしてもらおうという森川社長の考え方が伝わると、従業員・組合は反対姿勢を変え、グローバル化に積極的に協力するようになりました。

　ビジネスでは、利害や置かれた立場を意識し、自分の考えと違う方針にしぶしぶ付いて行く場合があります。ただし、人間が本当に力を発揮するのは、決定の背後にある価値基軸に共感し、自ら進んで貢献しようと考えたときです。この能動的な貢献を引き出す上で、決定者の価値基軸は、とても重要な役割を果たすのです。

◆ 成果志向

　最後に強調したい５つ目のマインドは、成果志向です。

　問題解決では、最終的に問題が解決され、個人や組織が成長・発展することが大切です。どれだけ適切なプロセスを踏んで綿密な検討をしても、問題解決という成果を実現できないようではいけません。成果は非常に大切です。

　プロセス（過程）を重視することを過程主義、結果を重視することを結果主義と分類するなら、日本人は過程主義、アメリカ人は結果主義の傾向が強いようです。もちろん個人差の大きい話ですが、日本では、高校野球で負けたチームが勝ったチー

ムと同等に称えられるように、勝敗という結果よりも、そこに至るプロセスに大きな価値を認めます。また、プロセスの中で、人々がどれだけ思いを込めて真摯に取り組んだのか、という動機を重視します。

問題解決では結果さえ良ければすべて良いということではありません。プロセスや動機を大切にすること自体は、たいへん良いことです。ただし、過程主義が行き過ぎると、結果を軽視するという別の重大な問題を引き起こしかねません。

1932年（昭和7年）に海軍の青年将校たちが犬養首相らを殺害しました。五・一五事件です。事件直後から、国民は、国の将来を思ってテロに立ち上がった青年将校たちの純粋な心に共鳴し、100万通を超える減刑嘆願を政府に送り付けたそうです。動機さえ正しければテロをしても許されるというわけです。

遠い昔の特殊な事件だと思うかもしれませんが、今日でも、会社の利益を守るために違法な取引をするといった事件は日常茶飯事であるように、動機を重視し、結果を問わないという傾向は根強いようです。

「精一杯力を尽くして頑張ったんだから、結果が出なくても良いではないか」という姿勢では、自己満足や甘えの姿勢に繋がり、いつまでたっても良い問題解決はできません。

問題解決のプロセスでは常に最終的な成果を意識し、成果実現にこだわりつづける必要があります。プロセスや動機と結果を天秤にかけるのではなく、プロセスはプロセス、結果は結果として、両方を厳しく追求するのが、問題解決に求められるマインドなのです。

第4節　問題解決力を高める

◆ 問題解決力を高めることは可能だ

　最後に、問題解決力を高める方法について考えます。

　改めて強調しておきたいのは、問題解決力は意識して努力することによって着実に高めることができるということです。

　もちろん、もともと問題解決のセンスがあり、複雑な問題を苦も無く解決できる天才肌の人もいます。しかし、そういう人は極めて例外的で、たいていの人は、井伊直弼のような歴史上の偉人を含めて、問題解決について学び、経験を積むことによって、時間をかけてレベルアップしています。

　問題解決力を高めるには、これといった秘策はありません。英語など語学を習得するのと基本は同じで、次の３つのことを粘り強くつづけていくしかありません。

① まず自分の状況を確認し、強いところ、弱いところを見つけ出します。
② 知識・スキル・マインドを学習します。
③ 学んだことを実際に活用します。

　この３つについて、簡単に要点を紹介しましょう。

◆ まず己を知る

　問題解決力を高めるという問題解決を行うには、第３章で検

討した通り、まず、自分の問題解決力の現状を正確に把握する必要があります。

　読者の皆さんには、ぜひご自分の問題解決の経験を取り上げて、振り返ってほしいと思います。過去に経験した問題解決、できれば複雑な問題に取り組んだがうまくいかなかった事例が良いでしょう。第7章までで紹介したプロセスに沿って、適切な技法を使って問題解決を進めたかどうかを確認してください。また、本章で紹介したマインドで問題解決に臨んだかどうかも、大切な確認事項です。

　この振り返りによって、知識、スキル、マインドの何が足りないのか、自分の"問題解決の問題点"がわかります。問題点がわかれば、今後の問題解決の進め方をレベルアップすることができます。

◆ インシデント・プロセス

　問題解決に限りませんが、自分のことを自分自身で冷静かつ客観的に分析するのは難しいでしょう。家族や職場の同僚など、自分と親しい人からのフィードバックを受ける方が参考になるはずです。

　他者から問題解決についてフィードバックを得るのに有効なのが、**インシデント・プロセス**（Incident Process）です。インシデント・プロセスは、複数のメンバーがグループで実際の問題解決を検討する教育技法で、次のような5段階のステップで実施します。時間は30分程度です。

① インシデントの紹介

発表者が自分が体験したインシデント（事件・問題）を参加者に説明します。

② 情報収集と整理・分析

参加者は、発表者に質問して、問題解決に必要な事実を収集し、整理・分析します。

③ 問題解決策の立案

参加者は、その問題の解決策を話し合い、考えがまとまったら結論を発表者に伝えます。

④ 実際の問題解決

発表者は、実際どのようにインシデントに対処したのかを参加者に説明します。

⑤ 評価

発表者と参加者が共同で、適切な問題解決だったかどうかを評価します。

とくに意識してほしいのが、⑤評価です。実際に問題が解決されることももちろん大切ですが、それだけでなく、適切な進め方で問題解決をしたかどうか確認してください。たとえば、次のような点です。

- 問題となった分野・領域について知識は十分にありましたか？
- どのようなプロセスで問題解決をしましたか？　適切なプロセスに沿っていましたか？
- プロセスの要所で、適切な問題解決技法を駆使していたで

しょうか？
- 革新性・成果志向などマインドに問題はなかったでしょうか？

なお、インシデント・プロセスは、問題を1つ取り上げて実施するだけでも効果がありますが、うまくいった問題解決とうまくいかなかった問題解決を取り上げて2つ実施すると、問題解決の問題点が浮き彫りになって、さらに効果的でしょう。

◆ 問題解決について学ぶ

己を知ったら、問題解決について学びます。強い部分を伸ばす、弱い部分を直すという両方のアプローチがあります。

第7章までは問題解決のプロセスと技法について、この章ではマインドについて紹介していますから、もう一度確認しておいてください。また、分析方法・フレームワーク・思考法など本書で触れていないものがまだまだたくさんありますから、どん欲に知識の幅を広げると良いでしょう。

学ぶとき大切なのは、実践を意識することです。問題解決のスキルは、表面的に知っているだけではだめで、実践して問題を解決できて初めて意味があります。自分が過去に経験した問題にスキルを当てはめながら学ぶと、理解が深まり、実践の場でうまく使えるようになります。

第8章 問題解決力を高める ■

◆ 経験を積む

　問題解決について学ぶのと並行して、問題を解決する経験を積むことも重要です。問題解決は実践です。知識やノウハウを知ることも大切ですが、実際に経験を積むことによって、うまく対処できるようになります。

　問題というと、どうしても「面倒だなぁ」と回避しがちです。しかし、問題から逃げずに、逆に積極的に関わるように、経験を増やしたいものです。

　そして、ただ解決に向けて頑張るだけでなく、本書で学んだスキル（プロセスと技法）を使うようにします。実践でプロセスや技法を意識することによって、スキルの理解が深まるだけでなく、別の問題に対しても応用が利くようになります。

　先ほど、スキルを学ぶときには「実践を意識するように」と説明しましたが、逆に実践するときには「学習を意識するように」というわけです。

◆ 計画的に経験を積む

　問題解決の経験を積む上で大切なのは、1つは計画的に経験を積むことです。

　一口に経験と言っても、将来の成長につながる良い経験と問題に慣れるという以外には、あまり将来につながらない経験もあります。できるだけ良い経験をたくさん積むには、漫然と経験するのではなく、できれば計画的に経験をすることを考えたいものです。

最近キャリア理論の中で注目を集めているのが、クランボルツが提唱した**計画的偶発性理論**（Planned Happenstance Theory）です。これは、職業生活の中で偶然に学んだこと、経験したことを自身のキャリア形成に取り込んでいこうという考え方です。

　ここで計画的（Planned）というのは、より多くの良い偶然と出会うように積極的に行動することを意味します。偶発的な経験を活かすには、好奇心・持続性・柔軟性・楽観性・冒険心が必要だとクランボルツは主張しています。

　ビール会社で営業を担当している松田さんは、得意先の酒販店の多くで経営者が高齢化し、事業承継が大きな課題になっていることが気になりました。松田さんは、中小企業経営者や税理士などで構成される社外の勉強会に参加し、事業承継について情報交換をしました。そして、情報交換で得られた情報をまとめて社内イントラネットで共有しました。

　やがて社内で取引先の後継者対策を積極的に支援していこうという話になり、松田さんは後継者対策検討プロジェクトのメンバーに選ばれました。

　このように、興味を持つ、行動する、発信するということの実践によって、ネットワークが広がり、新しい領域の経験ができるのです。

　経験は完全にコントロールできるわけではありませんが、少しでも良い経験を増やすように努力するかどうかが、長い目で見て問題解決力など個人の成長を決めるのです。

◆ 経験を振り返る

もう1つ大切なのは、経験を振り返ることです。

経験の量は大切ですが、いろいろな経験をしても、それを通して伸びる人と伸びない人がいます。伸びない人は、失敗したらやけ酒を飲み、成功したら祝杯を上げておしまいです。伸びる人は、経験を冷静に振り返ります。自分の取った行動が正しかったのか、理論や原理・原則と照らして何が違うのか、顧客・会社あるいは世の中に対してどのような影響があるか、といったことを考えます。

ただ経験するだけでなく、振り返りをすることによって、経験について原理・原則を確立・確認でき、次に生きてきます。

電子部品メーカーの情報システム部の池田さんは、販売データの処理業務において、データ入力に思いのほか時間が掛かった上、販売部門からの在庫データが期日通りに入手できず、決算の締め切りをオーバーしてしまいました。そこで、池田さんは原因を調べて、「事前に業務量と全体スケジュールを明らかにし、必要な資料を他部門に依頼してから作業に着手する」という仕事の原則を確認しました。

原理・原則を確立・確認できると、今後同じ失敗をしなくなるだけでなく、新しい事態にも柔軟に対応できるようになります。池田さんは、販売データ処理業務だけでなく、仕入情報や在庫情報の処理など別の新しい業務でも、この原則によってスムーズに仕事ができます。

レビンが「良い理論ほど実践的なものはない」と語ったように、たくさん経験するだけでなく、経験の背景にある原理・原

則を知ることによって、経験のない新しい事態に対応できる実践力が培われるということです。

　といって、時間を掛けて小難しい学問的な分析をせよということではありません。要は自分が取った行動について、「なぜ？」を他人に説明できるかどうかです。もちろん、ロジカルに「なぜ？」が説明できれば絶対に成功するというわけではありませんが、逆に「なぜ？」がまったく説明できないようでは博打と同じで、成功する確率は低いと言えます。優れたリーダーは、成功したことも失敗したことも、かなり古い経験まで自分の行動の「なぜ？」を説明できます。

　自分の行動の振り返りというと、日記を書くことを勧める人がいます。5年日記、10年日記などが人気があるようですが、個人的には必ずしも日記を書く必要はないと思います。日記を書くのはそれなりに手間が掛かりますし、書いているうちに第三者が読むことを意識した余所行きの記述になり、実質的な意味がなくなることが多いからです。

　それよりも、1日の終わりとか経験したその場その場で頭の中で振り返ることの方が、現実的でしょう。ワタミの渡邊美樹会長は、手帳に書かれたスケジュールをこなすたびに、そのスケジュールを真っ黒く塗りつぶし、見えなくするそうです。終わったことを将来振り返らなくても済むように、その場その場でしっかり振り返るということです。

　日記を書くもよし、その場で頭の中で振り返るもよし、方法はともかく大切なのは、5分でもいいので自分の行動・経験を振り返ることです。

◆「70:20:10の法則」について

　学びという営みについて、最近よく話題に上るのが「70:20:10の法則」です。本書全体のまとめも兼ねて、最後にこの法則について考えてみましょう。

　優れたマネジャーの経験を長年調査してきた米ロミンガー社によると、成人における学びの70％は自分の仕事経験から、20％は他者の観察やアドバイスから、10％は本を読んだり研修を受けたりすることから得られるとのことです。

　とりわけ、PC操作や語学を学ぶのと違い、問題解決力の向上には、まさにこの法則が当てはまります。そのため企業や家庭では、「問題解決を勉強によって習得することはできない」「本を読む暇があったら、現場に出て1つでも多くの問題解決に取り組み、汗を流せ」という考えが優勢です。

　たしかに、経験は大切ですが、問題は経験の仕方です。先ほど確認したように、経験を通して伸びる人は、計画的に自分の経験の幅を広げるよう努力します。また、ただ漫然と経験を積むのではなく、自分なりの仮説や思いを持って事態に臨みます。そして、経験を積むたびに、一度立ち止まり、「なぜ成功（失敗）したのだろうか？」「原理原則に照らして、自分の問題解決は正しかったのか？」と振り返ります。

　この計画的な経験、事前の仮説構築、事後の振り返りによって、経験が実践知となり、次のより良い問題解決につながる確固たる問題解決力が培われます。逆に、いろいろと経験を積んでもあまり伸びない人は、せっかくの経験がその場限りで終わってしまいます。

繰り返しますが、大切なのは経験の量・質ではありません。計画的に経験の幅を広げ、多面的視点から仮説を形成して経験を積み、原理原則に照らし経験を振り返ることです。

　私たちは、日常業務に埋没すると、多面的視点や原理原則をなかなか得られません。これらの気づきを得るには、少し現場から離れて問題解決について学ぶのは非常に有効です。つまり、70を経験から学ぶと言っても、伸びる人にとって学習の役割は重大なのです。

　皆さんは、これからさまざまな問題に直面することでしょう。問題を解決するだけでなく、ときには本書の内容を振り返り、問題解決のあり方を確認し、問題解決力を進化させるようにしてください。

【第8章のまとめ】

- 問題解決力には、情報・知識、スキル、マインドという3つの要素があり、3つのバランスが重要です。
  問題解決力＝情報・知識×スキル×マインド
- SWOT、3C、4Pといったフレームワークを積極的に活用し、効率よく問題解決を進めます。
- 現状肯定・現状維持に満足せず、物ごとを批判的に観察するマインドが重要です。
- 現場での事実に着目して問題を発見するファクト志向を心がけます。
- リスク（不確実性）を直視し、リスクテイクすることを心がけます。
- 自分なりの価値基軸を持ち、それに沿って決断するようにします。
- 頑張ったから結果が出なくても良いじゃないか、ではなく、最終的な成果を意識し、成果実現にこだわります。
- 問題解決力は、意識的に努力することで高めることができます。
- まず、問題解決力の現状を確認します。自己確認は難しいので、インシデント・プロセスを実施すると良いでしょう。
- 実践を意識しながら問題解決の知識・スキルを学びます。
- 実際に問題解決を経験して、知識・スキルを活用します。計画的に経験の幅を広げるように心がけます。

【学習課題】

1．状況分析や解決策の立案で、フレームワークを積極的に活用していましたか。
2．あなたの問題解決に取り組むマインドはどのようなものでしょうか。本章で紹介した5つのマインドと比較し、良い点、悪い点を分析してください。
3．過去に経験した問題解決の事例を取り上げ、インシデント・プロセスを実施してください。
4．問題解決の知識・スキルを学習していますか。していないなら、目標を立ててください。
5．より良い経験を積むために、計画的・積極的に働きかけているでしょうか。

あとがき

　読み終えていかがでしょうか。

　社会人にとって、問題は非常に身近な存在であり、問題解決力は必須のスキルです。しかし、あまりに身近な存在、あまりに不可欠なスキルであるため、日頃はあまり意識しないのが実態かもしれません。本書によって、読者の皆さんがご自身の問題解決の進め方や問題解決力について、振り返るきっかけになれば幸いです。

　私事で、しかも四半世紀も前の昔話で恐縮ですが、大学を出て石油会社に入社した私は、ある取引先が販売代金の支払不能になりかけるという非常事態に直面しました。入社4年目まで、上司・先輩社員の指導をいただきながらも、右も左もわからぬまま、問題解決に向けて格闘する毎日でした。

　当時は、楽しく仕事をしている同期入社の仲間を見て、「ああ、なんで俺はこんな辛い目に遭うんだ」と思ったりしました。しかし、そのときわからないなりに必死で考え、試行錯誤をした経験が、その後の社会人生活を送る上で、とくにコンサルタントとして活動する上でのベースになっています。

　本文で何度もお伝えした通り、問題は、自分を成長させ、より良い生活を送る上で、"良いこと"なのです。

　読者の皆さんがより良い問題に取り組み、成長し、より良い生活を送られることを期待しています。

　最後に、産業能率大学出版部の坂本清隆氏には本書の出版に

当たりたいへんお世話になりました。記して感謝申し上げます。

2013年6月

　　　　　　　　　　　　　　　　　　日沖　健

■ 参考文献 ■

＊実務書という本書の性格上、読者の皆さんが実際に読むにふさわしいものに限定しています。

梅棹忠夫『**知的生産の技術**』岩波新書（1969）

井口嘉則・井原久光・日沖健『**経営戦略のフレームワークがわかる**』産業能率大学出版部（2011）

末吉正成・末吉美喜『**Excelビジネス統計分析**』翔泳社（2009）

ドン・タプスコット＆アンソニー・ウィリアムス『**ウィキノミクス**』日経BP社（2007）

野口悠紀雄『**「超」発想法**』講談社（2006）

日沖健『**リーダーの問題解決法**』同友館（2008）

日沖健『**問題解決の技術**』産業能率大学出版部（2010）

日沖健『**実戦ロジカルシンキング**』産業能率大学出版部（2008）

日沖健『**変革するマネジメント**』千倉書房（2012）

ナポレオン・ヒル『**思考は現実化する**』きこ書房（2005）

ジェームス・ヤング『**アイデアのつくり方**』阪急コミュニケーションズ（1988）

■ 索引 ■

あ行

井伊直弼　*199*

意思決定ノード　*141*

イノベーション　*132*

因果関係　*106*

インシデント・プロセス　*218*

梅棹忠夫　*210*

オープン・イノベーション　*134*

オズボーン　*178・182*

か行

開国問題　*199*

蓋然性　*110*

回避　*192*

格差社会　*72*

確率ノード　*141*

課題　*4*

過程主義　*215*

川喜田二郎　*180*

ガントチャート　*152*

基軸　*213*

擬似相関の欠如　*109*

協創　*192*

競争　*192*

クライテリア　*20*

グルーピング　*20*

グループ　*167*

群集　*167*

計画的偶発性理論　*222*

結果主義　*215*

決断　*213*

現状維持バイアス　*209*

原状回復型の問題　*28*

五・一五事件　*216*

コンフリクト　*192*

さ行

最悪シナリオ　*158*

探す問題　*26*

サブシナリオ　*158*

時間的先行性　*109*

思考の三原則　*90*

収束的思考　*45*

集団　*167*

シュンペーター　*132*

順応　*192*

所属欲求　*168*

衰退期　*69*

スウェットショップ問題　*23*

成果志向　*215*

成熟期　*69*

成長期　*69*

製品ライフサイクル　*69*

全体最適　*145・147*

相関　*106*

相関係数　*110*

相関性　*109*

属性列挙法　*177*

ソフトの4S　*208*

た行

第三因子　*109*
妥協　*192*
単純相関　*106*
チーム　*167*
チームシナジー　*168*
チェックリスト法　*177・182*
創る問題　*26*
適材適所　*173*
デシジョン・ツリー　*140*
デスクリサーチ　*60*
東条英機　*200*
導入期　*69*
独立　*106*
豊田佐吉　*5*

な行

ニュートン　*133*

は行

ハードの3S　*208*
発散的思考　*45*
比較優位　*173*
ヒト・モノ・カネ　*205*
ヒル　*148*
ファクト志向　*210*
ファシリテーター　*180*
フィールドリサーチ　*60*
フェーズ　*44*

不平等条約の改正　*29*
ブレイン・ストーミング　*177*
ブレスト　*177*
分析中毒　*128*
ベンチマーキング　*81*
保有効果　*209*

ま行

マーケティング・ミックス　*206*
マクロ環境　*207*
見える問題　*26*
メインシナリオ　*158*
目的手段連関　*136*
モチベーション　*176・184*
問題意識　*89*

や行

安岡正篤　*90*

ら行

ライフサイクル仮説　*67*
リーダーシップ　*189*
リスク　*95・191・211*
リスクテイク　*211*
レビン　*223*
ロジックツリー　*117*

英数字

1次データ　*60*
2次データ　*60*
3C　*206*

索引

4P　*206*
5W1H　*148*
5W2H　*148*
5フォース　*207*
70:20:10の法則　*225*
7S　*208*
AIDMA　*207*
Howツリー　*136*
KJ法　*177·180*

KKD　*7·129*
MECE　*119*
NM法　*177*
PDCAサイクル　*159*
PEST　*207*
QCD　*205*
SMART　*97*
SWOT分析　*55·205*
Whyツリー　*117*

著者紹介

日沖　健（ひおき たけし）

日沖コンサルティング事務所・代表
産業能率大学・講師（総合研究所＆マネジメント大学院）
1965年生まれ
慶応義塾大商学部卒、Arthur D. Little 経営大学院修了 MBA with Distinction
日本石油（現・JX）勤務を経て現職
専門：経営戦略のコンサルティング、経営人材育成
著書：『戦略的トップ交代』『成功する新規事業戦略』『実戦ロジカルシンキング』『問題解決の技術』『戦略的事業撤退の実務』『歴史でわかるリーダーの器』『コンサルタントが役に立たない本当の理由』『変革するマネジメント』『経営人材育成の実践』『全社で勝ち残るマーケティング・マネジメント』など
hiokiti@soleil.ocn.ne.jp

社会人のための問題解決力
自分で考え、行動するということ　　　　　　　　　　　　　　〈検印廃止〉

著　者	日沖　健
発行者	飯島聡也
発行所	産業能率大学出版部
	東京都世田谷区等々力6—39—15　〒158-8630
	（電　話）03（6432）2536
	（FAX）03（6432）2537
	（振替口座）00100-2-112912

2013年 7月19日　初版1刷発行
2017年12月10日　　　6刷発行

印刷所・製本所／渡辺印刷

（落丁・乱丁はお取り替えいたします）　　　　　　　　ISBN 978-4-382-05690-9
無断転載禁止